प्रकाश-वृत्ति

हॉफ़ सेट चाय

और कुछ यूँ ही

रज़ा फ़ाउण्डेशन | THE RAZA FOUNDATION

हॉफ़ सेट चाय
और कुछ यूँ ही

सदन झा

वाणी प्रकाशन

प्रकाश-वृत्ति
रज़ा फ़ाउण्डेशन और वाणी प्रकाशन का सह-प्रकाशन

वाणी प्रकाशन
4695, 21-ए, दरियागंज, नयी दिल्ली 110 002
फ़ोन : +91 11 23273167 फ़ैक्स : +91 11 23275710

शाखाएँ
अशोक राजपथ, पटना 800 004, बिहार
कॉफ़ी हाउस कैम्पस, महात्मा गांधी मार्ग, इलाहाबाद 211 001, उत्तर प्रदेश
महात्मा गांधी अन्तरराष्ट्रीय हिन्दी विश्वविद्यालय, वर्धा 442 001, महाराष्ट्र

www.vaniprakashan.in
marketing@vaniprakashan.in
sales@vaniprakashan.in

HALF SET CHAY
AUR KUCHH YOUN HE
by Sadan Jha

ISBN : 978-93-88434-13-3
Collection of Short Stories

प्रथम संस्करण

मूल्य : ₹ 250

आर. टेक ऑफ़सेट, दिल्ली-110 032 में मुद्रित

वाणी प्रकाशन का लोगो मक़बूल फ़िदा हुसेन की कूची से

संगिनी प्रीति के लिए

सुनो, वो जो बरखा की डेढ़ बूँद तुम्हारे कर्णमूल के पीछे छुप गयी है,
उसे सँभाल कर रख देना।

आमुख : अशोक वाजपेयी

प्रकाश अत्यन्त प्रतिभाशाली कवि और आलोचक थे जिनका दुर्भाग्य से 2016 में दुखद देहावसान हो गया। वे एक भाषा-सजग शिल्प-निपुण कवि और सजग-सम्वेदनशील आलोचक थे। रज़ा फ़ाउण्डेशन ने उनकी स्मृति में 'प्रकाश-वृत्ति' स्थापित करने का निश्चय किया जिसके अन्तर्गत सुपात्र और सम्भावनाशील युवा कवियों और आलोचकों की पहली पुस्तकें प्रकाशित करने की योजना है।

यह पुस्तक इसी वृत्ति के अन्तर्गत प्रकाशित अनौपचारिक गद्य की है। हिन्दी में औपचारिकता का ऐसा वर्चस्व सा है कि अनौपचारिक अक्सर जगह नहीं पाता। सदन झा का गद्य यहाँ से वहाँ सहज भाव से जाने की विधा है। हमें यह पुस्तक प्रस्तुत करते हुए प्रसन्नता है।

दो शब्द

एक रोज़नामचा है। यहाँ कल्पना है, अनुभव है। दोस्तों के बीच खुद को बहलाने की क़वायद है। गप्पबाज़ी है और अकेलेपन को बिसरा देने के लिए स्मृतियों की गठरी है : मैली-सी, जहाँ-तहाँ से फटी हुई सी। फिर भी, ठहरी एक गठरी।

दूसरी तरह से कहें तो यात्रा का नाम दिया जा सकता है : भटकाव की डोर थामे चलते चले जाने जैसा कुछ। लेकिन भटकाव का वेग कुछ ऐसा कि एक पगडण्डी कहाँ दूसरी में मिलकर पौने तीन क़दम पर ही जाने किस तरफ़ मुड़ जाय? किसी तय राह पर कुछ दूर तक निभा जाने को जैसे असमर्थ हों ये शब्द। पौने तीन या कभी-कभी तो ढाई या फिर सवा क़दम पर ही राह बदलने को अभिशप्त भटकते शब्द।

जब तब टीपता गया, दोस्तों से इनकी साझेदारी की। सझिया शब्द किसी को पसन्द आये। कुछ ने इन्हें विस्तार देने की सलाह दी। कहीं से इक पगडण्डी की हूक उठी पर वह हो न सका। रास्ता बदल लेने को शापित शब्द और लीक छोड़ देने वाला यह मन, यूँ ही, अपने बिखराव लिए बेसुध रहे। हाँ, इतना ज़रूर हुआ कि इनमें से बहुतेरे आखरों को एक जगह इकट्ठा कर एक मोटरीनुमा कुछ बाँध सा लिया मैंने। इस मोटरी को फिर दोस्तों से भी साझा किया। सोचा इन्हें काग़ज़ी पैरहन और स्याही से नवाज़ा जाय। इस जमाबन्दी के भी दो साल हो आये। इन्हीं राह चलते एक दोस्त ने मेरी भाषाई फूहड़पन और गलतियों को दुरुस्त करने का प्रयास भी किया और कुछ उपयोगी सलाह भी दिये। उन पर मुकम्मल तौर पर अमल कर नहीं पाया, इसका अफ़सोस भी है। फिर कुछ समय और गुज़र गया।

फिर एक पुराने परिचित ने दिलचस्पी ली। फिर कुछ महीने और भी निकल गये। सोमप्रभ और अंजन ठाकुर ने बहुत-सी गलतियाँ निकालीं, सुधार किये और खेत से खर-पतवार कुछ और कम हुए। प्रभातजी, प्रभाष, अमृत और ग्रिरीन्द्र का विशेष आभार। क्यों और किसलिए मैं नहीं लिखूँगा। हाँ, यह जोड़ देना लाजिमी है कि बगैर लाल पान के दिलों के निशान वाले टिप्पणियों के इन कथाओं को आगे बढ़ाना नामुमकिन सी ही बात थी। ये डिजिटल स्क्रीन पर तैरते ये दिल अनेक जगहों से आये। इन्होंने गुदगुदाया, बेचैन किया, उलझनों में डाला पर साथ ही ऊर्जा दी। लिखने की क़वायद हो पाये इसके लिए स्नेह और प्यार दिया। लेकिन उन सब टुह-टुह लाल दिलों के पीछे के नाम सतह पर न ही आये, पर्देदारी बनी ही रहे तो बेहतर।

अभी जो स्वरूप आपके सामने है उसकी त्रुटियाँ तो मेरी हैं। लेकिन, उसमें यदि कुछ खासियत है एवं यदि वह आपके सामने आ पाया है तो इस बात का श्रेय पीयूष दईया जी को ही जाता है। उन्होंने इन कहानियों में दिलचस्पी दिखायी और इन्हें प्रकाशन के योग्य समझा। साथ ही, इन्हें प्रकाशित करने के लिए मैं धन्यवाद ज्ञापन करना चाहूँगा वाणी प्रकाशन का।

●

यहाँ दरभंगा से लेकर दिल्ली होते हुए लन्दन प्रवास की स्मृतियाँ हैं। कुछ यादें, कुछ कल्पना और कुछ अहसास। इन्हीं की थाती से बना बसा है आगे के पन्नों का ताना-बाना। इस यात्रा में लन्दन एक बेहद अल्पकालिक लेकिन अहम पड़ाव रहा। इसकी अहमियत समय से अधिक अहसासों के धरातल पर है, इन कहानियों के लिए। इन कहानियों को एक प्रवासी की डायरी के रूप में भी पढ़ सकते हैं। एक ऐसी डायरी जिसमें प्रव्रजन के साथ विरह, कल्पना और हसरतें हैं। यहाँ लन्दन एक ऐसी ही हसरतों की धरातल मुहैया करता है।

लन्दन की सड़कें, वहाँ की आबोहवा और व्यवहार बेहद अपना-सा लगा। पीछे मुड़कर देखता हूँ इस अपनेपन को और इसकी वजहों को तलाशने का जतन भी कई दफे किया मैंने। पर, हमेशा असफल ही रहा। अपनापन कहीं तर्क और कारण-परिणाम जैसों का मोहताज हो

सका है भला? हाँ, बहुतेरी सम्भावनाओं की तरफ़ इशारा तो किया ही जा सकता है। पर, वह सब कभी और।

अभी तो इस शहर को जितना सम्भव हो सके अपनी यायावरी का कैनवास बना लेना है। भरसक धाँग देना है तीन महीनों में इन गलियों को। लेकिन मन है कि...फिर से वहीं। लीक छोड़ पीछे मुड़-मुड़ कर यहाँ से वहाँ, इधर से उधर पहुँच जा रहा है। कभी दरभंगा, कभी गाम, कभी पटना, कभी दिल्ली तो कभी कलकत्ता। दूर से एक झूमर की पतली-सी रेख हवा के साथ कानों तक आ लौट जाती है : 'कलकत्ता तू जन जा राजा, हमार दिल कैसे लागी'...

–सदन झा

अनुक्रम

राजधानी

1

2033 ई. राजस्थान में राष्ट्रीय राजमार्ग से बीस किलोमीटर दक्षिण, रात के सवा दो बजे उन दोनों की साँसें बहुत तेज़ चल रही थीं। फिर, उस एसी टेण्ट में सन्नाटा पसर गया। दोनों ही को गहरी नींद ने अपने आगोश में ले लिया।

यह सौ-सवा सौ किलोमीटर का टुकड़ा कभी निरापद और वीरान हुआ करता था, जहाँ रोड और हॉरर फ़िल्मों की प्लॉट तलाशते हुए हिन्दी सिनेमा वाले कभी आया करते थे। यही जगह पिछले पाँच सालों से ऐसे अनगिनत एसी तम्बुओं और उनमें निढाल हुए इंजीनियरों, प्लानरों, आर्किटेक्ट, ब्यूरोक्रेट और ख़ूबसूरत मर्दाने सेफ से अटी पड़ी है।

2

निशा अभी-अभी तो मसूरी से निकली है और सीधे पीएमओ से उसे यहाँ भेज दिया गया, स्पेशल असाइनमेण्ट पर। निशीथ अभी-अभी तो स्विट्ज़रलैण्ड से होटल मैनेजमेण्ट का कोर्स कर लौटा और लीला ग्रुप ने अपने सेटअप की ज़िम्मेदारी देते हुए यहाँ भेज दिया।

दस साल में कितना कुछ बदल जाता है। पिछली बार, शारदापुर में छोटकी पीसिया के जइधी* की शादी में एक क्षण देखा था। हाय-हेलो होकर रह

* जइधी (मैथिली), देवरानी-जेठानी की बेटी।

गया था। नम्बर और ई-मेल एक्सचेंज भी नहीं कर पाया। कई दफ़े फेसबुक पेज पर जाकर भी फ्रेण्ड रिक्वेस्ट नहीं भेज पाया। आख़िर दूसरी तरफ़ से भी तो पहल हो सकती थी। पहल करने के मामले में निशा भी पुराने ख़याल की ही थी। कोल्ड फीट डेवलप कर लेती। और... उस भागमभाग माहौल में दोनों के पास यदि कुछ बचा रह गया तो महज़ एक जोड़ी नाम और दो जोड़ी आँखें। और आज वही नाम, वही आँखें एक-दूसरे से मिल गये। अब सब कुछ शान्त।

टेण्ट में आई पैड पर बहुत हल्के वॉल्यूम में अमजद अली का सरोद बजता रहा। निशा की यह अजीब सी आदत जो ठहरी, जहाँ जाती उसके ठीक उलट संगीत ले जाती। पहाड़ों पर डेजर्ट साउण्डस्केप के साथ घूमती और रेगिस्तान में कश्मीर को तलाशा करती। जल तरंग और सरोद।

3

टेण्ट कुछ ऊँचाई पर था। इंजीनियरों और आर्किटेक्टों से भी थोड़ा हटकर। सामने नीचे सौ-सवा सौ क्लिोमीटर का नज़ारा। नियॉन रोशनी में नहाई रात अब तन्हा तो न थी। सामने जहाँ तक नज़र जाती रोशनी ही रोशनी। दैत्याकार मशीन, सीमेण्ट, लोहे, प्रीफैब्रिकैटिड स्लैव, क्रेन, और असंख्य चीनी और बिहारी मज़दूर। उधर, दूर इन मज़दूरों की बस्ती से आती बिरहा की आवाज़ सरोद की धुन में मिल गयी थी।

> 'चलू मन, जहाँ बसै प्रीतम हो, बैरागी यार
> आठहि काठ केर खटिया हो, चौदिस लागल कहार...'

4

एक सौ साल पहले कुछ ऐसा ही तो मंज़र रहा होगा, जब दिल्ली की रायसीना की पहाड़ियाँ सज कर तैयार हुई होंगी।

समय बदला, लोग बदले, तकनीक बदली। वही दिल्ली रहने लायक न रही। हवा

और पानी भला कहाँ जात-पाँत, पैसा, ओहदा माने। पहले-पहले तो ग़रीब-गुरबे अस्पताल जातें मिले। नेता, अफ़सर और प्रोफ़ेसर निश्चिन्त सोते रहे।

पर, जब हवा ही ज़हरीली हो तो किसकी सुने?

फिर, मीटिंग बुलायी गयी।

5

रातों-रात अफ़सरों को जगाया गया। सबसे कन्ज़रवेटिव अफ़सरों और सबसे रैडिकल प्लानरों को सुबह पौने सात बजे तक हॉल में आ जाना था। डिफेंस, रियल स्टेट, पर्यावरण साइंटिस्ट, मिट्टी के जानकार, पानी के एक्सपर्ट, मरीन बॉयोलोजिस्ट सभी को लाने का जिम्मा अलग-अलग सौंप दिया गया था।

उद्योगपतियों और मीडिया हाउस के पॉइण्ट मेन को अपने दरवाज़े पर पौने पाँच बजे तैयार खड़ा रहना था जहाँ से उन्हें सबसे नज़दीकी सैन्य हवाई अड्डे तक रोड से या हेलीकॉप्टर से ले जाने का प्रबन्ध कर दिया गया था। यहाँ तक कि ट्रैफ़िक कमिश्नरों को इत्तला दे दी गयी थी कि अपने महकमे के सबसे चुस्त अधिकारियों के साथ वे ऐसे ख़ास ऐडरेसेज़ और हेलीपैड या एयर बेस के बीच के यातायात पर ख़ुद निगरानी रखें। पर, किसी और से इसका ज़िक्र न करने की सख़्त हिदायत भी साथ ही दी गयी थी। पौने सात बजने से ढाई मिनट पहले उस विशालकाय मीटिंग हॉल की सभी मेज़ पर हर कुर्सी भर चुकी थी। सभी के सामने एक और मात्र एक सफ़ेद काग़ज़ का टुकड़ा और एक क़लम रखा था।

पीरियड।

लेकिन एक ही पेज क्यों, लेटर पैड क्यों नहीं? नज़रें और चेहरे खाली कुर्सी पर टिकी थीं जो उस हैक्सागोनल हॉल के किसी भी कोने से साफ़ दिखता था। और, जिस कुर्सी से उस हॉल की हर कुर्सी पर बैठे आँखों की रंगत को पहचाना जा सकता था। यह एक अद्‌भुत मीटिंग थी। आज देश की सबसे विकट समस्या का हल ढूँढ़ना था। हवा के बारे में बातें करनी थी, जो बिगड़ चुकी थी। आज

राजधानी को बदलने की योजना तय होनी थी। आज निशा, निशीथ और उनके जैसे असंख्य की ज़िन्दगी की दिशा तय होनी थी।

आज ही के मीटिंग में रेगिस्तान की ज़मीन पर सरोद का बिरहा से मिलन तय होना था। आज ही तो तय होना था कि निशीथ की पीठ पर दायें से थोड़ा हटकर नाख़ून की एक इबारत हमेशा के लिए रह जायेगी।

एक खुरदरी टीस की तरह...

पौने पाँच सीढ़ियों की धूप

दिसम्बर महीने की नर्म मुलायम धूप पौने पाँच सीढ़ियाँ चढ़ उसकी देह से अठखेलियाँ करने की जुगत में थी। मानो इज़ाज़त माँग रही हो।

सामने ख़ाली-सा मैदान पसरा था और उस पार फूस के बेतरतीब छप्पर वाला बेचारा-सा अकेला घर। छप्पर के पीछे आँवले की लम्बी शाख जिस पर इस दफे भी भरपूर आँवले फले हुए थे। सुबह मार्निंग वॉक पर जाते गाहे-बगाहे लोग-बाग पेड़ को हिला देते, चटनी और मुरब्बे का इन्तज़ाम हो जाता।

शहर की सीमा पर रहने का यह सुख तो है ही। गौरैयों का एक जोड़ा फूस की छप्पर से तिनका-तिनका जोड़ बगल के ख़ाली फ़्लैट की बॉलकनी में अपना बसेरा बना रहा था, बोगेनबेलिया की कुछ डालें इधर से सीमा लाँघ उस बॉलकनी में आराम से चतर गयी थीं। उन्हीं के पीछे घोंसले की तैयारी हो रही थी। उसकी नज़र लौट आयी।

धूप का एक क़तरा इरा की कमर तक पहुँच चुका था। मन हुआ हल्की उँगलियों से छू ले। "अच्छा इरा, यहाँ इस तरफ़ तुम्हारी बायीं कमर पर जो तिल था, वह कहाँ गया?"

फेसबुक पर से नज़र हटाये बिना ही इमली की इतराहत घोलती आवाज़ में इरा ने जवाब दिया : "ओह, अच्छा अभी तो यहीं था। कहीं तुम्हीं ने चुरा तो नहीं लिया, मेरे कमर का तिल? अब समझ में आया यही फिसल कर तुम्हारे कान्धे का तिल बन गया है।"

धूप का क़तरा अब भी वहीं था। पर मन कहीं और ही रेंगने लगा था।

अं

'अं' सुबह हरसिंगार आंजुर भर बटोर घर ले आये। तब से पता नहीं क्यों मन इसी आखर पर अटक गया।

अं. कुछ अजीब-सी संगीतधर्मिता लिए हुए। कुछ ऐसा मानो दबे पाँव पायल कोई बजाकर चली जाय और फ़िज़ां में उसकी ध्वनि देर तक कानों को सहलाती रहे। संस्कृत ढंग से कभी पढ़ा नहीं। व्याकरण हमेशा रटाया जाता रहा और बचपन में ही विरक्ति हो गयी।

आज सोचता हूँ कि हर आखर के पीछे कितनी कहानियाँ होंगी। किस-किस तरह से समय ने तराश कर इन स्वरों को उकेरा होगा? आखर की कहानियाँ तो लुप्त हो गयीं या फिर इनकी भी प्रेम कहानियाँ किसी वैयाकरण की पोथियों के बीच दबी साँस ले रही होंगी। क्या वहाँ भी पन्नों के बीच और उससे पहले भोजपत्र पर हरसिंगार की छाप बची रह पायी होगी? क्या उससे भी पहले गुरु ने शिष्यों को इन आखरों के पीछे की प्रेम कहानियाँ सुनायी होंगी, या फिर कहीं उन वैयाकरणों ने शिष्यों को इसके लिए सुपात्र ही न माना हो। सम्भव है इन आखर के चाल-चलन ने गुरुओं के मन में आशंकाएँ पैदा कर दी हों। आश्रम में लड़कियाँ भी तो थीं, फिर उनकी पुत्री भी तो अब बड़ी हो रही थी।

आखर की प्रेमकथाएँ एक बार निकल गयीं तो उन्हें सँभालना मुश्किल हो जाय।

या फिर, यह भी तो हो सकता है कि इन कहानियों से मरहूम अं अपने प्रेम में ख़ुद ही सिमटता चला गया हो...

खरोंच

बरखा।

आयी थी वो कल रात के चौथे पहर। जिसे हम ब्रह्म मुहूर्त कहा करते हैं और वे hour of the wolf , वही पहर रहा होगा। पहले तो कानो में फुसफुसाकर सोचा इत्तला दे दे। फिर, हल्के-हल्के से आगोश में ले सोचा मिठास घोल दूँ नींद में इतनी। पर, चालीस की दहलीज़ पार कर लेने के बाद ये सब हथकण्डे कहाँ से असर करें भला। तो लगी पूरे कायनात को सर पर उठाने। फुल वॉल्यूम में रॉक एण्ड रोल शुरू कर दिया। पर मेरी नींद से प्यारी कब तुम रहीं? एक तो इतने दिनों से अब तब करती रही। उमस और बेचैनी ही तो दिया अब तक। तो अब जब आ गयी हो तो ठहरो ज़रा। सबको चैन दो। सुबह उठकर चाय पर हम बातें करेंगे। पर कहाँ? उसे तो सुबह तक रुक जाने से बदनामी हो जाती। हाँ, जाते-जाते गले के मोतियों की नेकलेस मुझसे ही उलझी रह गयी। निशानदेही की तरह टूटकर बॉलकनी के ग्रिल पर टँगी। उसे पक्का यक़ीन जो था कि भोर होते ही ये मोती भी ग़ायब हो जायेंगे मेरे जिस्म पर उसके नाख़ूनों की खरोंचों की ही तरह। ख़ैर...

डिजिटल दूत

कभी मेघ हुआ करते थे प्रेमिका की व्यथा-कथा के वाहक। अब मेघ बहुत गन्दे हो गये हैं। प्रेम की आह ले तो जाते हैं, भरोसा दिलाकर। पर, बीच राह में ही पटक कर, कहीं दूसरी तरफ़, भाग खड़े होते। ऐसे में कोई कैसे भरोसा करे। अब फेसबुक ही ठीक है। उन उदास दुपहरियों में तुम्हारी पतली उँगलियाँ भी जब फेसबुक पोस्ट लिख रही होंगी, तब उसे दूर शहर में मेरी टाइप करती उँगलियों की छुवन महसूस तो होगी...इसी तरह हम तुम जुड़े तो रहेंगे।

देखो, ज़्यादा दाँत निपोरने की ज़रूरत नहीं। ये जो मैंने सेल्फी लगायी है न यह तुम्हारे लिए तो बिल्कुल ही नहीं है। तुम तो बस... यू नो...

लाइक

आज भी फेसबुक पर उसने लाइक बटन नहीं दबाया। अब तो उम्मीद भी छूट गयी। यह सोचते जैसे ही दरभंगा के राम चौक पर छज्जू हलवाई की दुकान पर गरमा-गरम सिंघारे और इमरती के दोने से अपनी आँख उठायी कि ठीक सामने उसकी वही आँखें थीं। बातूनी नज़र, दोष देती, झगड़ा करती, नोक-झोंक से लब-डब, अशान्त, अबूझ, अनन्त और अद्‌भुत। दुनिया की सारी मासूमियत को समेटे। बगल के पान की दुकान पर भाँग के गोलों से भरी स्टील की चमचमाती ट्रे के साथ रखे रेडियो पर 'गाम घर' में खुरखुर भाई की आवाज़ खनक रही थी, "एं येई चानो दाई हमरा ई कहू जे अहाँ कहियो फेसबुक ईमेल देखलियई की अखैन तक गोईठे पैथ रहल छी"। चानो दाई छुटिते ठाई पर ठाई दग्लीह, "अहाँ के की लगैयै जे इण्टरनेट खाली पुरुषक बपौती छियैक। फेसबुक आ ईमेल त आब तनकपुर वाली सेहो करैत छथि। हँ..."

मुँह में फँसे सिंघारा को किसी तरह गले के अन्दर ठूँसते आँखों ने बस यही पूछा—लेकिन तुमने अचानक यह क्यों बन्द कर दिया, क्या मजबूरी? एक बार कह कर तो...

उसके ओंठ हिले, "मेरा सारा का सारा एकाउण्ट हेक हो गया है। आई काण्ट एक्सेस एनीथिंग"।

दोस्त

फेसबुक की दुनिया में मेरे कई ऐसे दोस्त हैं जिनसे अब तक मैंने कभी कोई प्रतिक्रिया या कोई लाइक नहीं पाया। और सम्भव है कि मैंने भी कभी उन्हें कोई सौगात नहीं दी हो। हमारा इस दुनिया से इतर कभी कोई नाता भी नहीं रहा। पर, फिर भी हम एक-दूसरे के दोस्त बने हुए हैं। कुछ है जिसने हमें एक डोर में बाँधे रखा है। इसे सहनशीलता कह सकते हैं या फिर तकनीकी आलस्य और निकम्मेपन का मिला-जुला, कुछ अजीब-सा लिजलिजा-सा जिसे कमज़ोरी की परिभाषा के दायरे में समा पाना मुश्किल है...

या फिर कहीं यही दोस्ती के होते जाने की नयी मियाद तो नहीं?

नये बर्तन तलाशती, नातेदारियों की कभी न ख़त्म होती आमद की मियाद।

कुछ लोग जब फेसबुक पर आते हैं तो पहले अपनी ख़ुशियाँ घर के सन्दूकों में ताला बन्द कर लेते हैं। कहीं भूल से साझा... न हो जाय। नहीं, महज़ ख़ुशियों की ही बात तो नहीं, इनके पोस्ट में आपको इनके अपने हिस्से का ग़म भी नहीं दिखेगा। इनकी चाहत, पसन्दगी-नापसन्दगी, गीत, फ़ोटो कुछ भी नहीं। ऐसा नहीं है कि ये फेसबुक के बाहर की ज़िन्दगी में भी ऐसे ही हों। पर, इनमें निजता के प्रति जो आग्रह हुआ करता है वह एक तो पश्चिमी आधुनिकता से शापित है और दूसरा सामन्तवादी आभिजात्यता से। तो ऐसी मानसिकता से जब आप चौक-चौराहे पर निकलते हैं, फेसबुक का पोस्ट लिखने बैठते हैं तो वैसे ही परफॉर्म कर रहे होते हैं जैसे आप कोई नेता हों जो स्टेज पर है और जिसे एक विशाल जनसभा को सम्बोधित करना है। आप अक्सर किसी विचारधारा के सैनिक के रूप में अपने आत्म को ढाल लेते हैं। या फिर, एक ऐसे असन्तुष्ट बुद्धिजीवी

जिसके जीवन का एकमात्र उद्देश्य समाज में व्याप्त कुरीतियों का अन्त और सरकार की निरंकुशता के प्रति अवाम को आगाह करना रह जाता है। बुद्ध ने कहा था दुनिया में दुख है, दुख के कारण हैं और दुख का निदान है। फेसबुक यही निदान हो मानो। मार्क्स ने सर्वहारा को एकजुट करने की ज़िम्मेवारी मध्यवर्ग के मज़बूत कन्धों पर सौंप दी और हिन्दुस्तान में भद्रलोक पर।

इनके साथ ही दूसरे छोर पर हम पाते हैं कि देश के बुद्धिजीवियों ने साठ साल तक बेड़ा गर्क कर दिया तो भक्त बनने के लिए उन्हें गाली देने के लिए फ्री का ऑफर है। फेसबुक खोला और चिपका दिया कॉपी पेस्ट कर ख़बरों को।

देश और समाज के बोझ से दबे अपने आत्म से ज़रा पूछ कर तो बताइये कि अपने बेडरूम के बाहर आप कब खुलकर किसी अनजान के साथ ठहाके लगाकर हँसे थे? कब आपने किसी अनजाने की खुलकर तारीफ़ की थी? कब आपने मिठाई की मिठास और करेले की कड़वाहट बिना किसी झिझक और अपेक्षा के साझा की? कब भीड़ में छुए जाने के भय के बग़ैर शामिल हुए हों? कब आपने उस भीड़ में साथ चल रहे अनजान दो पल के हमसफ़र को हमख़याल बनाया हो? एक फूल तो साझा कर ही सकते हैं। वहाँ तो असुरक्षा या भीड़ का भय नहीं सतायेगा? चेहरे की तनी नसों को ढीला छोड़ देने से कोई आपको कमज़ोर नहीं समझ लेगा। कभी तो फेसबुक पर हँस भी दीजिए। भीड़ के अनजान आदमी से यह तो पूछ ही सकते हैं कि कहो कैसे हो, दोस्त? हे सखि, आज का दिन कैसा रहा?

भीड़ महज़ स्टेज पर चढ़कर नेता जैसे भाषण के लिए नहीं होती है। भीड़ की असुरक्षा हमारे भीतर छुपा अपना भय है, दूसरों पर शासन करने की हमारी अपनी आदम इच्छा है।

दोस्तों की सूची

मुझे कई बार यह लगता है कि मेरे फेसबुक दोस्तों की सूची में कई ऐसे हैं जो दोस्ती को झेले जा रहे हैं। इनमें बहुतेरी महिलाएँ हैं। हालाँकि मैंने कभी ढंग से इन आँकड़ों की पड़ताल नहीं की है और मैं ग़लत भी हो सकता हूँ। पर जो भी हो, इतना तो तय है कि इनमें से कइयों को मेरी कोई बात अच्छी, बुरी, संवेदनशील, संवेदना-विहीन, आनन्दित, उद्वेलित कुछ भी नहीं करती। फिर सोचता हूँ कि वो मेरे दोस्त क्योंकर हैं?

सम्भव है कि मेरी तरफ़ से दोस्ती का न्यौता गया हो और उन्होंने ग़लती से स्वीकार लिया हो, और अब लिस्ट से हटने से अच्छा है कि चुपचाप झेले जायें। वे शायद सोचते होंगे कि वैसे भी क्या फ़र्क़ पड़ता है। इतने हैं ही। एक और सही। या फिर यह भी तो हो सकता है कि न्यौता मेरी तरफ़ से न होकर उन्हीं की तरफ़ से रहा हो। और यह भी हो सकता है (जिसकी सम्भावना सबसे अधिक) कि यह सब कारस्तानी फेसबुक की हो। वो डिफाल्ट सेटिंग, वो बिन बताये पीठ पीछे फेसबुक द्वारा दोस्ती करवाने की साजिश और रिक्वेस्ट भेज देना। फिर यह भी तो हो सकता है कि पहले सोचा हो कि यह आदमी कुछ काम का होगा। दिलो-दिमाग़ से सही होगा। अपनी ही तरह के सोच को धारण करने वाला होगा। और, दोस्ती का पैग़ाम भेज दिया। अब चमकते रैपर के भीतर का सामान इस तरह का होगा इसकी भला किसको उम्मीद थी? अब अनफ्रेण्ड कर दें, यह भी तो ठीक नहीं होगा। और फिर, कौन भला फेसबुक के दोस्त की सूची को इतनी अहमियत देता है। जब सामने वाले को लगे तो ख़ुद भी तो अनफ्रेण्ड कर सकता है।

ये बात भी ठीक है। पर जो भी कहिये, फेसबुक की दोस्ती है बड़ी निराली। चुपचाप निहारा करें। यहाँ जो हैं, वह आपके दोस्त ही हों इस मुगालते में भी मत रहिए। और जो हैं उनसे कब दोस्ती हो जाय, कहा नहीं जा सकता?

तो उन चुपचाप दोस्तों के नाम...

1

“रिश्तों की गर्माहट अतीत की हथेली पर खिंची रेखाओं में क़ैद नहीं रहती। ये तो आसमान के बादलों के समान रंग बदलती है। हमें लगता है कि मुझे तुमसे अब और नहीं मिलना चाहिए।” जब संगमरमर की बनी ठेहुनिया हनुमान जी की मन्दिर के बग़ल, तालाब के किनारे सागवान के पुराने पेड़ के नीचे गायत्री ने यह कहा तो उसके मतलब तलाशने से भी नहीं मिल पाये। थोड़ी दूर, उसी पोखर के कछार में खड़ी उसकी सहेली बहुत संजीदा सी चुपके से देख लेती, उन दोनों को। कहीं कुछ तो है जो उसे नहीं दिखायी दे रहा है। उसकी सहेली का संजीदा चेहरा तो कुछ और ही बयाँ कर रहा है। ये तो उस वक़्त भी उसे मालूम था कि गायत्री बम्बई चले जाने वाली थी। दरभंगा और बम्बई के शहरों के दरम्यान के फ़ासले को वह महज़ प्यार से ही पाट सकता था, ट्रेन से तो कतई नहीं...

2

बहुत परेशान हूँ। कुछ समझ नहीं आ रहा। एक छिट्टा पासवर्ड हो गया है। क्या किया जाय? प्रेमपत्र जिस ई-मेल पर आता है उस मेल बॉक्स का याद रखता हूँ तो दुनियादारी, ऑफ़िस और पेशेवर दोस्तों वाले डाक खाते का पासवर्ड भूल जाता हूँ। फेसबुक पर गप्पबाज़ी वाला खाता तो ख़ैर सुरक्षा के मायनों में दूध-भात की कैटेगरी में है। वहाँ निजता का मुद्दा प्रखर नहीं है। फिर, एसएमएस एलर्ट और ओटीपी से एकाउण्ट को घेर लेने के बाद लॉग ऑफ़ करने की ज़हमत नहीं उठानी पड़ती। मोबाइल में पड़ा रहता है, अँगूठा चूसते हुए छोटे बच्चे की तरह। तो यहाँ पासवर्ड से कुछ राहत तो हो जाती है। पर, ऑफ़िस के कम्प्यूटर पर तो यह नहीं चलेगा। तो याद रखना बनता है। सबसे पेचीदा मामला आर्थिक

ही होता है। नून तेल से लेकर साँस और धड़कन इसी पर तो टिकी होती है। अब एटीएम का पिन, नेट बैंकिंग के लॉग इन, तीन स्तरीय तिलिस्म की चाबियाँ डालने के बाद ट्रांजेक्शन पासवर्ड सब मुँहज़बानी याद रखना दिमाग़ की सारी ऊर्जा सोख लेता है। अब तुर्रा यह कि हर पासवर्ड छोटे-बड़े अक्षरों का मेल हो, कम से कम एक भस्मासुर अर्थात् स्पेशल कैरेक्टर और संख्या का योग तो हो ही। पासवर्ड न हो महाराज साहब के लिए कन्या की तलाश हो जैसे। पूरे साढ़े छत्तीस सौ चौवालिस तीन सौ छिहत्तर योग की ज़रूरत के बिना असम्भव हो जैसे समागम उस रियासत के चपरघंचू का।

अच्छा तुर्रा यह कि गाम जाने के लिए तत्काल टिकट लेते समय अपने पूरे जीवन की संचित सतर्कता और चातुर्य के साथ जैसे ही ट्रांजेक्शन पासवर्ड के स्टेज तक पहुँचे कि बैंक आपको बताता है कि आपको समयावधि नियम के तहत यह पासवर्ड बदलना होगा। यह कुछ वैसा ही होता है कि बहुत जद्दोजहद के बाद छोटे बच्चे को सुलाने के बाद और बीवी का मूड पटरी पर लाने के बाद ससुराल से फ़ोन आ जाय।

ख़ैर, इतने झंझट क्या कम थे कि नोटबन्दी के बाद पेटीएम, क्रेडिट कार्ड जैसों के पासवर्ड की आमद में तेजी से बढ़ोतरी हुई है। न उगलते बनता है, न ही निगलने का अभ्यास है, कुशलता से। हाल के दशक में विद्वानों ने आधुनिक मानव, आधुनिक समाज के इस्तेमाल के साथ मानव सभ्यता के विशिष्ट युग के लिए एंथ्रोपोसीन का चलन शुरू किया है। मुझे लगता है कि पासवर्ड के छिट्टे को भर जाने की देर भर है। हम, मानवों की नयी खेप के साथ, माथे पर यही पथिया उठाये नये युग में प्रवेश बस करने ही वाले हैं। तैयारी तो पूरी हो ही चुकी है। बस, फीता काटने के लिए मन्त्री जी के डेट्स नहीं मिल पा रहे।

तस्वीर के कोने से आधी-सी कविता

तस्वीर जो मेरे क़ैमरे ने ली नहीं कभी, कहीं। चिपक सी गयी है दीवार पर कुछ इस तरह जैसे किसी ने फेवीकोल का पीपा उलट दिया हो। उस ढाई फुटे फ्रेम में एक केतली है। रेझकी है जमा चार दुअन्नी के। एक सिलबरिया तसला है और दबदब उज्जर देह पर झरकल दाग वाले टुकटुक ताकते लिट्टी के सतरह गोले। इस तस्वीर में सात सोहल लहसुन, एक सिलबरिया थारी और छिपली तीन भी वैसे ही टुकुर-टुकुर मुँह बाये हर आनेजाने वालों को हसरत की नज़र से देख रहे हैं।

किनारे से जहाँ तस्वीर का फ्रेम चटक गया है वहाँ एक अध वयसु महिला की सी आकृति है शायद झुक कर सुलगती आग का मैनेजमेण्ट कर रही हो। इस उम्र में देह जान ही जाती बिन आखर के ही आग की दुनियादारी।

सतरहों चिंहती हैं अपनी-अपनी गहकियों को। पर, उनके आने में अभी देर है। पहले आयेगा साइकिल पर दुनिया के बोझ तले दबा, घनी चौड़ी रौबदार मूँछों और पिचके कन्धे पर अपने से सवा गुना लम्बी बन्दूक लटकाये कप्तान सिंह।

एक पाँव को ज़मीन पर टिकाने का जतन कर बुढ़िया को साइकिल के हैंडल में लटका सवा कनमा कडुआ तेल दे विदा हो जायेगा कप्तान सिंह बग़ैर मुँह से शब्द एक भी निकाले।

फिर, सामने से गुज़र जायेगा, ठेला छित्तन महतो का जिसपर बैठी उसकी बेटी देखती रह जायेगी अपनी रोज़ की इन सतरह सहेलियों को।

आस लिए छित्तन के छौड़ी की आँखें, जिसके नज़र से नज़र मिलाती लिट्टियाँ

हॉय-बॉय करेंगी। इस सबके बहुत बाद आयेगा राम सनेही और उसका लपैक लफंदर ललटून महतो। फचर फचर करता, खुद फन्ने खाँ समझता।

राम सनेही के लिए दो और फन्ने खाँ के लिए एक, कुल तीन विदा हो जायेंगी एक साथ...रह जायेंगी कहने गिनने को कुल जमा चौदह। पर, जो गिनती में नहीं रह पाता उसका क्या? सतरह से चौदह, चौदह से तेरह...नौ...सात...तीन और सबसे अन्त में रह जायेगी एक अकेली छुटकी, अगली सुबह तक के लिए। अपनी सतरहों की सझिया आस लिए। यही हर रोज़ यदि होना तय हो, तो क्यों नहीं बनाती है बुढ़िया सोलह ही? क्यों बनाती है बुढ़िया सतरह लिट्टियाँ?

यही एक सवाल पूछती रहती है छुटकी हर शाम, इतने बरस से। मानो यह कोई सवाल न हो, जीने का सलीका बन गया हो।

लिट्टियों के श्राद्ध से जनमा सलीका।

फिर गहरायेगी रात, फिर छिड़ेगी बात चाँद की और चाँदनी की।

और, गुलमोहर की चुहल पलकों में सँजोये सो जायेगी तस्वीर के तीसरे कोने में सतरहों की याद सँजोये, छुटकी।

खोखले से शब्द

'सुनो न, हवा के झोंके से तुम्हारे बाल जो कान पर आ गये हैं उन्हें ज़रा मोड़कर फिर से पीछे कर लोगी?'

'क्यों?'

इस 'क्यों' की तनिक भी उम्मीद नहीं थी। पर इससे पहले कि वह कुछ सोच पाता या फिर यही कि वह चुपचाप ही रह जाय और खुद ही धीरे से उन्हें समेटकर उसके कानों के पीछे कर दे, वह बरस पड़ी।

'क्या लगा रखा है? कान, बालों की लट, मेरा चेहरा, देखना-दिखाना? वही खोखले से शब्द!'

'तुम्हें क्या लगता है, इस तरह की चिकनी-चुपड़ी बातें करते रहोगे और मुझे अच्छा लगता रहेगा?' उसका बोलना जारी था। 'ये जो शब्द हैं और यह जो देखते हो, यह नज़र। यह कितने सपाट, कितने बनावटी हो चुके हैं, इसका अहसास भी है तुम्हें? ज़रा, इस कान, हवा से आगे आयी लटों और मेरे चेहरे से नज़र हटाकर बाहर देखो। देखो कि क्या हो रहा है दुनिया में। देश-परदेश में। छोटे-छोटे बच्चे, अठारह-उन्नीस साल के नौजवान ज़िन्दगी भर के लिए अपनी नज़र गँवा रहे हैं। कश्मीर जल रहा है। दलितों पर अत्याचार हो रहा है। किसी जगह इस्लामी जिहाद के नाम पर आतंकी मासूमों की जान ले रहे हैं तो कहीं देश को इसी आतंक की आड़ में युद्ध में झोंक दिया जा रहा है। सिनेमा और कम्प्यूटर गेम्स से निकलकर हथियार सड़क पर आ गये हैं और स्कूल के बच्चों, शॉपिंग मॉल्स और जलसों में नाचते-गाते लोग निशाना बन रहे हैं। जहाँ रेगिस्तान के किनारों पर युद्ध हो

सकता है वहाँ टैंक और हवाई जहाज़ों से बम बरस रहे हैं। जहाँ शहर है वह बस्ती मिटाकर समतल कर दी गयी है। जहाँ यह नहीं हो सकता वहाँ आतंकी हमले करते हैं। हर बीते शाम लड़ाई के नये तरीक़े ईजाद हो रहे हैं। जंग की नयी शब्दावली गढ़ी जा रही है। ऐसी भाषाएँ बनायी जा रही हैं, जिसके गुप्त रहस्यों को दुनिया की कोई कविता नहीं पकड़ सके। ऐसी रपटें जो सीधे-सीधे वार करें न्युरॉन्स पर। उत्तेजित करें, झटके दें, बदहवास कर दें। भीड़ पागल हो जाये और मरने-मारने पर उतारू हो जाय। सब कुछ हो पर संवेदना न हो। यही एक मात्र शर्त है। और एक तुम हो? वही बासी पड़ चुके प्यार के साथ बैठे हुए हो ...'तसव्वुरे जाना किये हुए'... प्यार हक़ीक़त नहीं। आज की तारीख़ में ज़ुर्म है, ज़ुर्म।'

'क्या वाकई?' मेरे मुँह से बस इतना ही निकल पाया। फिर मैं चुप हो गया।

ग

ऊपर से शुरू करते हुए अपने उँगलियों को हल्के से मोड़ देते हुए वह नीचे तक चला गया। ठीक अन्त से पहले इसे गोल समेटते हुए एक वृत्ताकार दायरे के साथ समापन करते हुए वह ख़ुश हो गया। पर, उसे मुकम्मल तौर से अहसास था कि उँगलियों ने अभी आधे सफ़र ही तय किये हैं। अभी इन्हें एक बार फिर से उठने होंगे। एक बार फिर से ऊपर से नीचे का फ़ासला तय करना होगा, उतनी ही जतन से। पर इस बार घुमाव देने की ज़रूरत नहीं। इस दफ़े कोई वलय नहीं बनाने हैं और न ही नीचे पहुँचकर उन्हें गोल में समेटना ही है। इस बार रीढ़ की सीधाई में, एक सीध में उँगली को रखना होगा। लेकिन यह उतना सहज नहीं जितना लगता है। लेकिन इस सीध में नीचे उतरने की सावधानी से अधिक वह सोचने लगता कि जब उसने पहली दफ़ा एक नीचे गिरह बाँध दिया तो फिर बात वहीं क्यों नहीं ख़त्म हो गयी।

अक्सर गर्मी की लम्बी दुपहरियों में यह सब हो जाने के बाद उसने ऐसी ही अनेक अबूझ पहेलियों के साथ बैठकर घण्टों चलने वाली मीटिंग्स की थीं। हर मीटिंग के बाद कुछ असमंजस, कुछ सन्देह के साथ ही सही पर वो एक जवाब ज़रूर ढूँढ़ लेता जो सुकून की नींद की गवाही दे सके।

ख़ैर, अब उसने रीढ़ की सीध में ऊपर से नीचे का सफ़र भी बहुत हल्के, धीरे-धीरे और सावधानी से तय कर लिया था। 'ग' लिखकर उसने अपने को गर्व से देखा। इस बार सब कुछ ठीक रहा। कहीं कोई ग़फलत नहीं।

सुबह ही उसने पिता की रोशनाई से अपनी स्याही तैयार कर ली थी। ड्रॉपर से दो बार नीले में एक बार लाल मिला कर उसने रंग की चमक को परखा था।

फिर बूँद-बूँद कर तब तलक लाल मिलाता रहा जब तक उसे मनचाहा रंग नहीं मिल गया। इस सबके बाद सही काग़ज़ की तलाश और फिर पहले करची क़लम से जाँच कर लेने के बाद ही उसने अपनी उँगलियों के पोरों को डुबोया। 'ग' लिखना कोई हँसी खेल तो है नहीं?

देशद्रोही कौन?

आजकल हर तीसरे को देशद्रोही ठहराने का फ़ैशन आया हुआ है। अभी पिछले दिनों, दिल्ली विश्वविद्यालय के रामजस कॉलेज में हुई घटना के बाद वहाँ के इतिहास के शिक्षक मुकुल मांगलिक पर यह आरोप लगा था। कुछ समय पहले, जे.एन.यू. की निवेदिता मेनन पर यही आरोप मढ़ा गया। ख़ैर, उन पर तो पहले से ही यह दोष लग रहा है। ऐसी बात नहीं है कि यह कोई नयी बात हो और मोदी सरकार की ही देन हो। आपमें से कइयों को याद होगा कि अरुन्धती रॉय को और उनके साथ के कुछ अन्य लोगों पर कश्मीर के बाबत अपने विचार रखने के लिए इसी तरह के विशेषणों का प्रयोग किया जाता रहा। उन दिनों तो भाजपा की सरकार सत्ता में नहीं थी। हाँ, यह ज़रूर है कि उत्तर प्रदेश में अख़्लाक की बर्बर हत्या के बाद जब साहित्यकारों ने एक के बाद एक अपने साहित्य अकादेमी अवार्ड वापस करने शुरू किये, जब अपने प्रतिरोध दर्ज़ करने लगे तो देशद्रोही ठहराने की हवा भी ज़ोर से बहने लगी। फिर, हैदराबाद में, विश्वविद्यालय परिसर में ही, रोहित बेमुला की आत्महत्या के समय और जेएनयू में कन्हैया कुमार आदि की गिरफ़्तारी के समय बहुत तेज़ी से यह फ़ैशन फैला। एक होड़-सी मची है। अपने को देशप्रेमी साबित करने की नहीं वरन् दूसरे को देशप्रेमी सिद्ध करने की। मानो दूसरे को द्रोही बना देने से ख़ुद को स्वतः ही प्रेमी होने का तमगा मिल जायेगा। इस फ़ैशन में हालिया वर्षों में आयी तब्दीली ग़ौर करने लायक है। पहले देशद्रोही का तमगा राज्य की तरफ़ से, क़ानून की तरफ़ से नवाज़ा जाता। अब पहल, समाज के तबके के द्वारा विचारधारा के धरातल पर हुआ करती है।

अंग्रेज़ों के समय (जिसकी इस सन्दर्भ में बनी क़ानूनी विरासत को हम आज भी

ढो रहे हैं) जब ब्रिटिश हुकूमत किसी को देशद्रोही ठहराती तो भारतीय समाज का बड़ा हिस्सा उसे राष्ट्रभक्त मानकर सम्मान देता। पर, ग़ौरतलब यह भी है कि राष्ट्रीय स्वतन्त्रता अभियान में जो अंग्रेज़ों के पाले में थे, जो हुकमरान, अफ़सर, अंग्रेज़ों के सहयोगी रसूख़दार और उनके नौकर-चाकर थे सभी को समाज देशद्रोही नहीं मानता था। कइयों को तो, ख़ासकर जो अमीर और शक्तिशाली थे वे और उनके वंशज इज़्ज़तदार बने रहे।

ख़ैर, देश आज़ाद हुआ और विश्वविद्यालयों, पत्रकारिता आदि में राष्ट्र भक्ति, देशद्रोही आदि के स्थान पर एक दूसरे शब्द का प्रचलन बढ़ा। यह शब्द था, बुर्ज़ुआ। यह भी विचारधारा की खेत से निकला हुआ आलू था। जिसकी बात अप्रिय लगे, जो आपसे और आपकी भीड़ से असहमत हो उस पर चिपकाने के लिए एक स्टीकर, एक ईज़ी टू यूज़ लेबल।

ख़ैर, सोवियत रूस के बिखराव के बाद पिछले तीन दशक में इस शब्द का प्रयोग भी कम हो गया है।

यह तो हुई एक बात। अब यदि पिछले दिनों की घटनाओं की तरफ़ लौटूँ तो एक बात पहले ही साफ़ कर दूँ कि मैं कभी मुकुल मांगलिक की क्लास में नहीं बैठा। मैं कभी निवेदिता मेनन का छात्र भी नहीं रहा। पटना कॉलेज से इण्टरमीडिएट करने के बाद इतिहास पढ़ने के जुनून के साथ जब दिल्ली विश्वविद्यालय आया तो आधे प्रतिशत अंक की कमी से रामजस में दाख़िला नहीं मिला। मैं पहले साल सत्यवती में इतिहास पढ़ा और फिर अगले साल अच्छे नम्बर आने के बाद हंसराज में स्थानान्तरण ले लिया। पर, मेरे कई दोस्त, रामजस में इतिहास पढ़ रहे थे। उनके मुँह से मुकुल मांगलिक, दिलीप सिमीयन, सुधाकर सिंह आदि की बातें सुनता रहता। वैसे ही जैसे किरोड़ीमल में मध्यकालीन इतिहास के लिए फ़िरदौस अनवर की धूम हुआ करती, राजधानी में अरविन्द सिन्हा की प्रशंसा हुआ करती, सत्यवती में प्राचीन भारत के लिए आत्रेयी विश्वास का नाम आदर से लिया जाता और हंसराज में सोशल फार्मेशन पढ़ाने के लिए अमर फारुकी को दिग्गज माना जाता। यह हम छात्रों का बसाया संसार था। इसमें और भी अनेक नाम बसते हैं जो प्रसिद्ध भले ही न हों पर जिन्होंने शिद्दत से अपना पसीना छात्रों को तराशने में लगा दिया। दिल्ली विश्वविद्यालय या फिर किसी

भी दूसरे विश्वविद्यालयों की नींव में यही शिद्दत, यही बेनूर चेहरे आपको मिलेंगे जिन्होंने अपना सारा नूर अपने छात्रों को सँवारने में लगा दिया। इनकी तादाद कभी अधिक नहीं हुआ करती है। पर, ये दृढ़ प्रतिज्ञ जीव होते हैं, अविचल और अनूठे। मुकुल को मैं कुछ ऐसी ही श्रेणी में रखता हूँ।

मुकुल मांगलिक और निवेदिता मेनन दोनों ही मुखर तौर पर वामपन्थी हैं। और, इसे विडम्बना भी कह सकते हैं कि इन दोनों को क़रीब से देखने का मौक़ा मुझे सीएसडीएस में मिला जो किसी समय वामपन्थी उपहासों का सबसे बड़ा पात्र माना जाता था। समय के साथ संस्थानों को देखने का नज़रिया भी बदलता है। नये लोगों के साथ नयी बयार भी आती है। उनके साथ उनके साथी, हमख़यालों की आवाजाही भी बढ़ती है।

उधर, मुझे दिल्ली विश्वविद्यालय के इतिहास के गुरुओं ने कभी शिक्षक बनने के काबिल नहीं समझा और मैं अकादमिक जगत में बने रहने के लिए तिनके का सहारा ढूँढ़ रहा था। सीएसडीएस ने रिसर्चर के तौर पर मेरी अहमियत जानी और मैं अगले सात सालों तक एक-दूसरे प्रोजेक्ट में काम करने लगा।

मैं जिन दिनों सीएसडीएस की नयी वाली बिल्डिंग के बेसमेण्ट में सराय में काम कर रहा था मुकुल मांगलिक वहीं उसी बेसमेण्ट में कैफे चलाया करते। देर दोपहर अपनी क्लासों के बाद यहाँ आ जाते, बहुत जतन से और सुरुचि के साथ नियमपूर्वक देर शाम तक यह कैफे चलाते। यहीं पहली बार अंग्रेज़ी उपन्यासों और हॉलीवुड सिनेमा के पर्दे के इतर असल ज़िन्दगी में मैंने कॉफ़ी के अलग अलग नामों को जाना। वे कॉफ़ी के बीजों को ग्राइण्ड करते और फिज़ा में एक बेहतरीन ख़ुशबू फैल जाती। कॉफ़ी अमूमन खुद ही सर्व करते। कॉफ़ी के संग कभी-कभार घर से केक-ब्राउनी इत्यादि भी बनाकर लाते। हम जैसों के लिए यह सब महँगा हुआ करता पर फिर भी कभी-कभार शौक़ हम भी फरमाया करते। उनके छात्र और हमख़याल भी आया करते। कभी किताबों के साथ, कभी किसी विषय पर गम्भीर चर्चा किया करते, कभी कोई गिटार पर कोई धुन छेड़ता तो कभी कोई किसी नाटक या डांस स्टेप के किसी टुकड़े में मग्न मिल जाता। मुकुल की उपस्थिति अक्सर बहुत शान्त सी हुआ करती। सराय के कार्यक्रमों में, सेमिनार और बहसों में भी सबसे अन्तिम पंक्ति में खड़ा एक जिज्ञासु चेहरा। मैंने सात

सालों के दौरान एक-दो बार वहाँ पर्चा पढ़ने का मौक़ा पाया, उन सेमिनारों में वे रहे उसी तरह सबसे अन्त की क़तार में, पिछले दरवाज़े के नज़दीक खड़े से आदमी की तरह। कभी इन सेमिनारों में उन्होंने मुझसे कोई सवाल पूछे हों ऐसा याद नहीं। कभी वैसे भी काम के दौरान मेरे इतिहास या शोध के प्रति हम दोनों के बीच बात हुई हो वह भी याद नहीं। मैंने एक आध दफ़े अपने उन दोस्तों का ज़िक्र किया जो उनके छात्र रह चुके थे तो वे उत्साहित होकर बातें करने लगे थे, उन्हें मुकम्मल तौर पर पता था कि उनके छात्र कहाँ और क्या कर रहे थे। वहीं सराय में मुझे उनके बहुआयामी और फक्कड़ यायावरी स्वभाव के बारे में भी पता चला। पता चला कि ट्रेन ड्राइवरों पर फ़िल्म बनाते हुए उन्होंने उन ड्राइवरों के और किसी दूसरे मौक़े पर ट्रक के भी खलासी का काम किया। कितना सच कितना झूठ, कह नहीं सकता।

बाद के वर्षों में मुकुल का सराय से मन टूट गया था। कहीं कुछ उनके मन को खिन्न कर गया। उनके आने की, कैफे चलाने की नियमितता धीरे-धीरे क्षीण होने लगी और फिर, उन्होंने अपने कैफे को बन्द कर लिया। सात सालों तक एक ही स्तर पर काम करने से सराय में मुझे भी घुटन, भविष्य की चिन्ता और अजीब क़िस्म की असुरक्षा ने दबोचना शुरू कर दिया था। परिवार के कारण ज़रूरत भी बढ़ने लगी थी। और, मैं दिल्ली छोड़कर सूरत आ गया। एक स्थायी नौकरी, पत्नी, डेढ़ साल के बेटे और माँ के साथ।

मुकुल मांगलिक से एक दफ़े फिर से मुलाकात हुई। तीन मूर्ति लाइब्रेरी की कैण्टीन में। मैंने जाकर अपना परिचय दिया। बताया कि सराय में काम किया करता था। चेहरे से पहचान गये। फिर, हालचाल पूछा। कहा कि दिल्ली विश्वविद्यालय में यहाँ के कॉलेजों में पढ़ाओ। मैं क्या कहता? यही कहा कि यहाँ पढ़ाने लायक मुझको नहीं पाया गया। उन्होंने आत्मीयता दिखायी। हमने चाय ख़त्म की, वे उसी परिचित अन्दाज़ में कन्धे पर बैग लटका अपने रास्ते चले, मैं अपनी राह हो लिया। उनकी गति वैसी ही थी जैसा मैं सराय के दिनों में देखा करता : दृढ़, रास्तों के लिए उत्सुक और विचार स्वतन्त्रता के लिए कृत संकल्प क़दमों के साथ दूसरों के प्रति आत्मीयता का भाव लिए, एक फक्कड़, मस्त और अलहदा चाल।

गदहे

हर दफ़े चुनाव कुछ नये शगूफ़े लेकर आता है। फिर, यूपी चुनाव की बड़ी अहमियत जो ठहरी। तो आजकल गदहों के बारे में बहुत बातें हो रही हैं। हिन्दुस्तान में ऐसा हमेशा नहीं होता। ख़ासकर गंगा-जमुनी तहज़ीब में तो नहीं ही। हम घोड़े की बात करने में शान समझते हैं। हाथी पालने को नवाबी विरासत के साथ जोड़ शेखी बघारते हैं। गाय तो ख़ैर हैं ही, कामधेनु और माता। जब कोई दाँव न चल रहा हो तो राजनेता उनके सम्मुख नतमस्तक हो लेते हैं। पर, भला गदहा! यह भी कोई बात करने लायक जीव है? लाहौल विलाक़ुबत! क्या ज़माना आ गया है! घर का जो सबसे नामुराद हो वह तो यूँ ही गदहा हो जाता है। फिर, इतनी बात उसके लिए नहीं किया करते। यदि कोई सही मायने में उपेक्षित रहा है तो वह है गदहा। और, गंगा-जमुनी तहज़ीब में हम जितना गदहा गदहा करेंगे, लोग हमको उतना बड़ा गदहा समझेंगे। पर, ख़ैर, यहाँ यह जोड़ देना चाहिए कि गदहा भले ही उपहास का पात्र हो लेकिन खच्चर से एक पायदान ऊपर हुआ करता है। खच्चर तो गाली के सन्दर्भ में ही उपयोग में आता है। गदहा तो फिर भी मासूमियत लिए हुए बेवकूफ़ के ही अर्थ में हमारे उपहास और विनोद का प्रतीक रहा है।

मैं कम से कम इसी अर्थ में गदहे को मुल्ला नसरुद्दीन के साथ जोड़कर पढ़ा करता था। मुल्ला हमेशा गदहे की ही सवारी किया करते। मुझे शुरू-शुरू में यह गुदगुदाता। कुतूहल भी जगाता क्या मुल्ला को इतना गया गुज़रा दिखाना लाजमी था कि उन्हें एक घोड़े के क़ाबिल भी न समझा जाय?

ख़ैर, गदहे को देखने का मेरा नज़रिया पहले-पहल तब बदला जब पहली बार

परदेश जाने का मौक़ा मिला। वह भी दक्षिण अफ्रीका। यदि यूरोप या अमरीका गया होता तो शायद अपनी औपनिवेशिकता में बना रहता। पर, यहाँ मामला कुछ और था। वहाँ सेमिनार भी दक्षिण-दक्षिण की साझी विरासत पर था। तो जनाब एक पूरा पेपर एक बहुत ही ख़ूबसूरत और तेज़ महिला ने गदहे के ऊपर प्रस्तुत कर दिया। उन्होंने बताया कि कैसे गदहा कुछ अफ्रीकी संस्कृति में उपहास का नहीं आदर का पात्र माना जाता है।

पर, मुल्ला वाली गुत्थी फिर भी बनी रही। कोई भला मानस गदहे की सवारी करता है क्या? लेकिन एक बार संयोग से मिस्र जाने का मौक़ा मिला। यह मत समझ लिजीएगा कि मैं अपने परदेश भ्रमण से आपको प्रभावित करने का भोंड़ा प्रयास कर रहा हूँ। यक़ीन मानिये बहुत कम दफ़े ही पासपोर्ट की उपयोगिता सिद्ध हो पायी है अबतक। ख़ैर, तो मिस्र में सड़कों पर तो मुझे बहुतेरे मुल्ला नसरुद्दीन मिले गदहे की सवारी करते हुए। एकदम सामान्य-सी बात। और तब मुझे लगा कि हम मुल्ला नसरुद्दीन और उनके गदहे को तो अरब से ले आये पर, उन कहानियों को पढ़ने में अपने ही नवाबी संकुचित मूल्य-बोध में जकड़े रहे।

लब्बो-लुबाब यह कि गदहे को देखें तो कुछ आदर तो दें। इसलिए नहीं कि हमारे चारों तरफ़ तो यही पसरे हैं। वरन् इसलिए कि हम सब कभी न कभी, कहीं न कहीं और किसी न किसी के लिए तो गदहे रहे ही हैं। जनम भले ही मानव रूप में हुआ हो।

ब्रिटिश लाइब्रेरी

1

आज वह अपने नाख़ूनों पर आधा कत्थई और आधा बैंगनी नेलपॉलिश लगा कर आयी थी। हर नाख़ून इन बेमेल से दो रंगों में ऊर्ध्वाकार विभक्त होकर अजीब ही लग रहा था। मेरी नज़र कमबख़्त उन पर से हट ही नहीं रही थी। मुझे हमेशा ही रंग और फ़ैशन का इल्म न के बराबर ही रहा। पर फिर भी, मन मान नहीं रहा था, कत्थई के साथ बैंगनी। वो भी नाख़ून को दो हिस्से में बाँटते हुए!

नज़र नाख़ूनों से हटाकर उसकी आँखों तक ले जाते हुए पूछ ही डाला, "Why?"

जवाब स्वाभाविक तेज़ी से न आ थोड़ा ठहर कर आया, "What do you mean, 'why'? ...forget it. You won't understand. This is not for you."

थोड़ी हताशा हाथ लगी। सवाल पूछते ही ग़लती का अहसास हो गया। अब एक क़िस्म की गिल्ट फीलिंग घर करने लगी थी। पर उसके अन्तिम वाक्य ने कान खड़े कर दिये।

"What do you mean... Not for me? For whom?"

आज भी बाहर बूँदाबाँदी जारी थी। ब्रिटिश लाइब्रेरी में चहल-पहल बरकरार थी। हम दोनों बेसमेण्ट के लॉकर की तरफ़ जाती सीढ़ियों पर, नीचे से तीसरी पर क़रीब-क़रीब बैठे रहे। फिर एक लम्बा लम्हा गुज़रता चला गया। बाहर बरखा तेज़

होने लगी थी। समय यूँ ही चुपचाप हमारे दरमियान पसरता चला गया। कभी न भर सकने वाले नासूर की तरह। कि तभी अचानक उसने कन्धे उचकाये। कत्थई स्कार्फ को तह किया और बेतरतीब से बालों में छुपे बैंगनी रंग की दो लट कुछ ऐसे निकालकर सामने कर दीं, मानो वह नहीं कोई जादूगरनी हो।

" Now, happy"?

मैं ख़ुश तो हो गया पर मन अब भी पूछना चाह रहा था, 'मेरे लिए नहीं तो किसके लिए?'

2

आज जूनी गहरे बैंगनी रंग की कोट और जींस में है। डायरी की तारीख़ लिखने की कोई ज़रूरत नहीं। यह कोई नियम तो है नहीं कि मैं अपने अतीत को किसी बनिया के बहीखाते या किसी एंथ्रोपोलोजिस्ट के जर्नल की तरह दर्ज करूँ। फिर हम किसी घटना की बात तो कर भी नहीं रहे। रोज़ाना की बातें हैं। बैंगनी कोट, जींस और गले में काली गुलबन्द। लन्दन आने से पहले मैंने कभी गले को सुरक्षित रखने के एहतियात को इतनी तवज्जो नहीं दी थी। उत्तर बिहार, दरभंगा जहाँ मेरा बचपन गुज़रा, वहाँ हम गांती बाँधते थे, शीतलहरी में। मफ़लर कुछ इस तरह से लपेट-सपेटकर बाँधा जाता कि फ्रांस के बड़े से बड़े डिज़ाइनर की छुट्टी हो जाय, यह रहस्य समझने में कि ऐसा रेट्रो लुक कैसे कोई हासिल कर सकता है। आर्मी के अफ़सरों को ही तस्वीरों में गले को स्टाइल से ढँकते देखते थे हम बचपन में। ख़ैर, मैं भी कहाँ लन्दन की बात करते-करते दरभंगा पहुँच गया।

जिस समय हमने बातें करने की तय कर रखी थी, वह लाइब्रेरी के सबसे चहल-पहल का लम्हा भी हुआ करता। तो, आज भी, लोग आपस में बातें कर रहे हैं। वह थोड़ा-सा स्थूल, मेरे ही हम उम्र का पुरुष एक अधेड़ उम्र की महिला के साथ बातें कर रहा है। शायद उसकी कलीग हो।

नज़र वहाँ से हटाकर दूसरी तरफ़ घुमाता हूँ। जैसे क़ैमरे को 180 डिग्री पर पैन किया हो। दूसरी तरफ़ कोने में काली लम्बी लटों को उँगली में फँसाये ट्विस्ट करते

एक ख़ूबसूरत चेहरे पर फोकस जा टिकती है। अपने मैकबुक पर नज़र टिकाये कानों में एथनिक झुमकों के साथ इयर प्लग लगाये किसी से बात में मशगूल। बहुत परेशानी है। यदि आप कानों के इयर प्लग को नहीं देख पाये, तो आपको लगेगा कि राह चलती या फिर अण्डरग्राउण्ड में साथ बैठी लड़की या तो खुद से बात करने की बीमारी से ग्रस्त है या फिर आप से ही विहंस-विहुंस कर बतिया रही है। अब तो अभ्यस्त हो चला हूँ यहाँ की रिवायतों से मैं भी। मुगालते में नहीं रहता। किसी को अकेले में बातें करता देखता हूँ तो स्वतः ही कानों में इयर प्लग होने की उपस्थिति मन दर्ज कर लेता है। लन्दन की सार्वजनिक जगहों पर स्कार्फ, इयर प्लग के साथ जिस तीसरे दृश्य ने सबसे अधिक ध्यान खींचा, वह था बेपरवाह, दीर्घ, घोर मादकता से सराबोर और गहरे आलिंगन। किस... पर उसके बारे में फिर कभी।

3

"तुम कौन हो, जूनी?"

"क्यों? क्या हुआ? अचानक आज यह सवाल कैसे? और फिर तुमने खुद ही तो कह दिया। चलो मैं भी दुहरा देती हूँ तसल्ली के लिए। मैं जूनी।"

"नहीं, मेरा मतलब तुम कहाँ की रहने वाली हो, तुम्हारा घर-परिवार? क्या करती हो?"

"ओह! लेकिन क्यों? क्या इतना काफ़ी नहीं कि हम यहाँ रोज़ मिल रहे हैं इस बेंच पर, डिकेंस की प्रदर्शिनी को निहारते हुए? क्या तुम अपने हर दोस्त से उसका बायो माँगते हो? तुम्हारे फेसबुक फ्रेण्ड्स की लिस्ट तो लम्बी है। क्या सबका बही खाता लिए फिरते हो?"

मैं उसे खोना नहीं चाहता था। या तो आज वह ख़राब मूड में थी या फिर लन्दन में लड़की से ऐसे सवाल पूछना बदसलूकी माना जाता हो? क्या पता ऐसा हर जगह हो? वैसे भी इस मामले में मेरा अनुभव कुछ ख़ास तो था नहीं। लेकिन टटोल कर अपने आत्म-विश्वास को देखा तो लगा कि इतना भी बेतुका

सवाल तो है नहीं यह। मोर्चा पर टिके रहना है। बोली में आत्मीयता का पुट लाते हुए कहा, "मैं तो महज़ तुम्हें कुछ बेहतर, कुछ नज़दीक से जानना चाह रहा था। लेकिन ठीक है। दोस्ती के लिए दोस्त का इतिहास, भूगोल जानना ज़रूरी भी तो नहीं।"

बोली की मधुरता ने शायद अपना काम किया, पर कुछ देर से। उसका ग़ुस्सा जारी था।

"कहाँ तक जाओगे?"

"हर आदमी में कई शख़्स छुपे होते हैं। मैं अपनी कहानी सुनाने बैठ जाऊँ तो तुम्हारे रिसर्च का क्या होगा? ख़ैर, तुम्हारा सवाल अपनी जगह वाज़िब ही तो है। हम कई तरह की आइडेंटिटीज़ को ढोते हैं, पर उनमें भी समय और देश के हिसाब से पदानुक्रम तो गढ़ा ही जा सकता है। जैसे तुम्हारे सवाल को यहाँ यह कहकर सन्तुष्ट तो किया ही जा सकता है कि मेरा परिवार वेल्स से आता है। लन्दन में बस चुका है। पर मैं अपने घर-परिवार की बात नहीं करना चाहती। समझो कि यही ब्रिटिश लाइब्रेरी मेरा घर है और यहीं के मेरे दोस्त हैं। जैसे तुम हो।

"जानते हो, यह जो मुख्य दरवाज़े के पास जंज़ीर और गोले से जकड़े किताब का स्कल्पचर है, जिस पर जब तक कोई बैठे नहीं तब तक वह अपूर्ण ही रहता है। उसके ठीक पीछे दीवाल के सहारे एक डेस्क दिख रही है, जहाँ लिखा है—'फ्रेण्ड्स ऑफ़ ब्रिटिश लाइब्रेरी'। ये वे लोग होते हैं जो लाइब्रेरी को चन्दे और दान के जरिये सहायता करते हैं। पर इनके अलावा बहुत ऐसे लोग हैं जो कई तरह से औपचारिक एवं अनौपचारिक तथा अँधेरे में रहकर भी लाइब्रेरी, इसके कामकाज और इसके पाठकों की मदद करते हैं। यह बहुत बड़ा तो नहीं लेकिन बहुत असरदार ग्रुप है। ऐसे फ्रेण्ड्स ऑफ़ ब्रिटिश लाइब्रेरी किसी डेस्क की तख़्ती की मोहताज नहीं। पर जूनी अपना काम करना, अपनी जिम्मेवारी निभाना बख़ूबी समझती है। मैं इस ग्रुप की एक सदस्य हूँ... अब मेरा गोत्र मत पूछने लगना।"

यह मेरे लिए नया था। पर उससे भी अधिक चौंकाने वाली बात यह थी कि इसे तो गोत्र के बारे में भी पता है।

4

सामने नज़र जमाये बिना मुड़े ही उसने पूछा, “पुरुष को देह चाहिए, है न?”

“...और स्त्री को ...मन?”

“हाँ शायद।”

“तो फिर उन 1084 रंगों का क्या जो इन दोनों के बीच आते हैं? उन 397 आवाज़ों का क्या जो स्त्री और पुरुष के बीच साँस लेते हैं?”

“मैं बस हम दोनों की बात कर रही थी।”

“मैं भी हम दोनों की ही बात कर रहा हूँ। लेकिन हमारे दरमियान जो समय, धरती और आकाश हैं, क्या उन्हें हम भूल जायें? काश! कि हम यह कर पाते? काश! कि हम स्मृतिदंश से अभिशप्त न होते?”

“पर सच बताओ, क्या तुम्हें याद है वह स्पर्श? मैं तो जाने किस मोड़ पर छोड़ आयी उसे।”

बाहर फिर से बरखा शुरू हो गयी...

5

‘श्वेतांक ने पूछा, “और पाप!”*

लिखने से पहले पुरानी नोटबुक निकाल कर तारीख़ देखता हूँ। पेंसिल की लिखावट धुँधला सी गयी है।

6

हम दोनों आज अपने में ही खोये हुए से हैं। मैं अपना लंच ख़त्म करने में

* चित्रलेखा, भगवतीचरण वर्मा।

लगा हुआ हूँ। हमेशा की तरह उससे पूछा और उसने शालीनता से मना कर दिया। पर मेरे खाने के प्रति उसकी उत्सुकता पहले सी ही बनी रही : "आज क्या लाये हो?"

टेकोस से ख़रीदे तारतीला (मैदे की रोटी) के बीच सुबह मैंने मशरूम, प्याज, हरी मिर्च, टमाटर आदि भूंजकर कोलसॉ (एक क़िस्म का रायता जो टेकोस में सस्ते में ही पैक्ड मिल जाता है) के साथ स्टफ कर लिया था—तोरतिला रैप।

पढ़ाई के बाद मुझे ज़बरदस्त भूख लगती है और दो ऐसे तोरतिला रैप पेट और पॉकेट दोनों के लिए सन्तोषकारी।

वह मेरे बायीं तरफ़ बैठी है। उसकी दायीं कनिष्ठा मेरी बायीं कनिष्ठा के ऊपर, तिरछी होकर।

"और, झूठ! उसका क्या?"

ये जो तुम सत्य को तर्क और प्रामाणिकता से बाहर ले आये हो। अनुभव और विश्वास के इर्द-गिर्द यह जो कुछ भी बुन रहे हो, उसमें झूठ कैसे समा पायेगा? बिना प्रामाणिकता के दावों में लिपटे सत्य के क्या उसकी अस्मिता शेष रह पायेगी? अनुभव और विश्वास के सहारे हक़ीक़त और मिथ्या-कल्पना में क्या भेद रह जायेगा?"

"हाँ, यह समस्या तो है। लेकिन, क्या हम फिर से बासी पड़ चुकी बाइनरी में ही तो चक्कर नहीं काट रहे?"

वो स्वीकृति में सर को धीमे से हिलाती है। मेरी कनिष्ठा पर बहुत हल्की सी गतिविधि का अहसास होता है। उसकी कनिष्ठा ने मेरी कँगुरिया उँगली को अपने में मोड़कर एक लॉक सा बना लिया है। पर वह अपनी कनिष्ठा को बोलते जाने के, विचार प्रवाह के बीच आने की अनुमति कतई नहीं दे सकती।

आँखें सामने की प्रदर्शिनी—चार्ल्स डिकेंस एण्ड द सुपरनेचुरल—के एक चित्र पर ही टिकी रहीं। क्रिसमस कैरोल में आगन्तुक भूत के साथ किरदार के वार्तालाप का दृश्य।

प्रश्न को विस्तार देते उसने पल भर मेरी तरफ़ घूम कर देखा, मानो तसल्ली करना चाह रही हो कि मेरा ध्यान उसी की बातों पर है या नहीं। कुछ लम्बा कहने से पहले वह अमूमन ऐसा ही करती।

"जानते हो सदन, डिकेंस की एक कहानी है। बहुत विवादित भी हुई, पर दूसरे कारण से। उसने इसका कथानक शायद दूसरे से चुरा लिया था। ख़ैर, 1861 की इस कहानी में एक बेहद ख़ूबसूरत महिला एक पेण्टर से अपनी पोर्ट्रेट बनाने के लिए कहती है। वह पेण्टर से पूछती है कि क्या पेण्टर को उसका चेहरा याद रह पायेगा कि एक महीने के बाद वह अपनी स्मृति से यह पेंटिंग बना पाये? चित्रकार सवाल सुनकर विस्मय में पड़ गया और कहा कि ऐसा वह कर तो सकता है, पर वह चाहेगा कि महिला उसके सामने बैठे जब वह पोर्ट्रेट बनाये। महिला इसके लिए तैयार न थी। कहानी में बाद में ज़ाहिर होता है कि वह महिला दरअसल पहले से ही मृत थी और उसे यह पोर्ट्रेट अपने दुखी पिता को धैर्य बनाने के वास्ते चाहिए था।"

वह साँस लेने के लिए एक क्षण रुकी या फिर मुझे परखने के लिए।

"अब यहाँ उस पेण्टर के अनुभव की यदि सोचें तो महिला के साथ उसकी मुलाकात उसका सत्य है, पर क्या हम इसे सच मान सकते हैं?

"कल्पना और झूठ में अजीब सी मादकता होती है। अच्छा, मैं तुमसे एक सवाल पूछती हूँ। तुम एक कहानी लिख रहे हो, एक लम्बा पोस्ट। क्या तुम संगीनी और अपने पात्र के अहसास में भेद नहीं कर पाओगे?"

साफ़ और कठिन सवाल। हम दोनों एक-दूसरे की तरफ़ एकबारगी ही मुड़े। फिर मौन पसर गया। कनिष्ठा अब भी वैसी ही एक-दूसरे से उलझी सी रही।

7

"देखो तुम्हारा नाम नताशा, जूलिया, जेन, लूसी, मार्ग्रेट या फिर ऐसा ही कोई ब्रिटिश नाम होना चाहिए। प्रॉपर ब्रिटिश। नहीं, मुझे ग़लत नहीं समझो। मुझे तुम्हारा नाम बहुत अच्छा लगता है। पर शायद मैं जो कहना चाह रहा हूँ, वह

यह कि तुम्हें देख कर फिर तुम्हारा नाम जानकर दोनों से एक ही छवि नहीं बन पाती। किसी बहुत प्लीजेंट सरप्राइज़ सा लगता है तुम्हारा नाम सुनना। जूनी।"

हम लोग उसी पुरानी जगह पर बैठे हैं। सेण्ट पैंक्रियास, ब्रिटिश लाइब्रेरी। मेजनाइन फ़्लोर। बेंच पर। सामने चार्ल्स डिकेंस के रहस्यमय और अन्धविश्वासों की दुनिया पर पिछले पखवाड़े से प्रदर्शिनी चल रही है। दोपहर के क़रीब दो या ढाई बज रहे होंगे। समय का अहसास ही कुन्द सा हो गया है, जबसे जूनी से मुलाकात हुई। यहीं इसी जगह, इसी राहदरी में। इसी बेंच पर। इसी प्रदर्शिनी को देखते हुए हम मिले थे। मिले क्या थे? हमारी बातचीत शुरू हुई थी। पहल, ज़ाहिर-सी बात है, उसी ने की थी। नहीं तो कहाँ हो पाता मुझसे बात करना! पर जब बातों का सिलसिला निकल पड़ा, तो कौन कहाँ रुकने वाला था। मैं तो सोचता कि मैथिल ब्राह्मण से गप्पबाज़ी में कौन टिक पायेगा। पर यह ब्रिटिश लड़की तो मुझे मात दे रही थी। या फिर, कह सकते हैं कि उसकी बातें सुनना, चुपचाप अपने कानों के सहारे रहते जाना भाने लगा है।

ख़ैर, उसकी प्रतिक्रिया स्वाभाविक रूप से त्वरित आयी।

"ये प्रॉपर ब्रिटिश क्या होता है? मुझे नहीं लगता था कि तुम ऐसा शुद्धतावादी नज़रिया रखते होगे। अभी भी मेरा वही विश्वास है तुम्हें लेकर। पर तुम मुझे ऐसे शब्दों के इस्तेमाल से चौंका देते हो। और मैं तुम्हारी तरह प्लीज़ेण्टली सरप्राइज्ड नहीं हूँ। यह निराशाजनित ही है। या फिर उसके सीमान्त पर कहीं। और फिर, तुम तो इतिहास के हो, प्रैक्टिशनर (वो हमेशा यही कहती, शोधकर्ता या छात्र कहना उसे नहीं सुहाता था। हाँ, जिस दिन चुहल के मूड में होती तो प्रोफ़ेसर कहती और इठलाकर अपनी पोनी टेल सँवारने लगती)।"

"देखो जूनी, मेरा दिमाग़ हमेशा तर्क और ज्ञान की भाषा नहीं बोलता। पता नहीं क्यों मेरे ज़ेहन में जूनी से साउथ ईस्ट एशियन छवि या फिर स्पैनिश लैटिन अमेरिकन अहसास होता है। इसकी कोई वजह भी नहीं है। कम से कम मुझे इसका इल्म नहीं है। पर ऐसा ही है मेरे साथ। फिर लन्दन और ब्रिटिश समाज के बारे में जानता भी तो कुछ नहीं।"

"हुम्म! ये जो तर्क की अपूर्णता और जेहन की भाषा की बात कही तुमने वह बेहद

ठहरी हुई बात है।" ओठों के किनारे पर आती हुई बहुत सुकून भरी मुस्कुराहट को संयत करते उसने बात आगे बढ़ायी। "एक राज़ की बात बताती हूँ—ब्रिटिश लड़की को अपने नाम पर चर्चा लम्बी करने में बेहद गुदगुदी-सा अहसास होता है। शायद तुम्हें पता है। पर छोड़ो अभी। हम लोग नाम पर फिर कभी ज़रूर लौट कर समय गुज़ारेंगे। अभी जो ये तुमने बात से बात निकाल दी तर्क की दुनिया.. ज्ञान और दैनिक व्यवहार के बीच के फासले ...इसका सत्य।"

अपनी आँखें सामने चार्ल्स डिकेंस के रहस्यमय संसार के एक एक्जीविट पर ही टिकाये उसने कहा : "जानते हो प्रोफ़ेसर, सत्य को कहाँ टिका पाओगे?"

जिस अन्दाज़ में सवाल आया यह समझना मुश्किल हो गया कि उसका अभिप्राय मेरी बातों से है या फिर चार्ल्स डिकेंस की इस रहस्यमय दुनिया से जिसकी ज़मीन सामने चल रही प्रदर्शिनी तैयार कर रही दिखती है।

"सत्य...सत्य का तर्क से सीधा कोई नाता नहीं। यह तो विज्ञान ने अपनी सहूलियत के लिए तर्क की इमारत खड़ी कर रखी है।

जिस अनुभव पर आपका विश्वास हो और जिरा पर आप दूसरों को विश्वास दिला पायें वही सत्य है।"

"तो बात दरअसल विश्वास की है।" कहते हुए उसने एक गहरा निःश्वास छोड़ा। पतले गले में बहुत हल्की सी रेशमी हलचल सी उठी हो मानो। दायें कान पर आ गयी लटों को उँगलियों के पोरों से समेटते हुए पीछे लेते चली गयी, जूनी।

8

कल रात तकिये पर नींद के आने से पहले मन भटककर जाने कैसे गाम के भैरव बाबू के बाड़ी और उसके पछबरिया खत्ते की राह हो लिया। खत्ता नहीं, नाला कहना अधिक उचित होगा। पर, यह मायने नहीं रखता।

"पता है जूनी, यह मेरे साथ इन दिनों बहुत होने लगा है। कुछ काम कर रहा होता हूँ और अचानक बचपन का कोई स्मृति-चित्र सामने आकर खड़ा हो जाता

है। कोई ऐसा दंश या गुदगुदाकर चली गयी बेमौसम की बूँद। स्मृति के यूँ ही चले आने की वजह तो होती ही होगी, है न?"

जूनी ने अपनी कनिष्ठा से आँख के ऊपर आ गये एक लापरवाह लट को वापस अपनी जगह पर डालते हुए मेरी तरफ़ एक नज़र फिरायी। हम लोग टहलते हुए, आज इतने दिनों में पहली बार, ब्रिटिश लाइब्रेरी से बाहर आये थे। नहीं तो, अक्सर ही हम वहीं उसी अहाते, उसी इमारत में एक मंज़िल से दूसरी, एक गलियारे से दूसरे गलियारे और एक कोने से दूसरे करते रहते। हम लोग मंज़िल भर दूरी भी कहाँ तय कर पाते। दरअसल, अक्सर होता यह कि हम मंज़िलों के बीच मेजनाइन फ़्लोर में ही ख़्वाब बुना करते। कितना ही तो ख़ूबसूरत है यह शब्द : मेजनाइन फ़्लोर। न ऊपर, न नीचे। सबसे पहले दिल्ली में एडमिशन लेने के बाद घर ढूँढ़ते हुए सुना था और ठहर कर रख लिया था मेरे कानों ने अपने पास ही तब से इसे।

ख़ैर, तो हम दोनों आज बाहर निकल ही गये। सैंट पेंक्रियास स्टेशन के सामने से गुज़रते हुए जूनी एकबारगी ठिठक कर रह गयी। पल भर को उसकी आँखों में मैंने समय को ठहरा हुआ सा देखा। पर, क्यों? जिसे आप हर रोज़ देखते हों ऐसे के लिए इस तरह का भाव क्यों कर? लेकिन, शायद उसने मेरे भाव को पढ़ लिया था। इसमें वह निपुण तो थी ही। अपने चेहरे को पन्द्रह सत्रह डिग्री पर हल्के से झटकते हुए, उसकी आँखों ने बहुत हल्के से कहा : 'कुछ नहीं, बस यूँ ही कुछ याद आ गया।' ...और इसी सूत्र ने मुझे रात तकिये पर मन की यायावरी की तरफ़ मोड़ दिया था।

9

आज दिन खुला-खुला सा था और मुझे अपनी छात्रवृत्ति की मासिक क़िस्त सोआस के पुराने वाले ऑफिस से लेनी थी। बहुत कम मान मनौव्वल से ही आज जूनी मेरे साथ चलने को तैयार हो गयी थी। यह मेरे लिए कुछ कम सुखद आश्चर्य न था। जो लड़की आज तक ब्रिटिश लाइब्रेरी के गेट तक चलने को तैयार नहीं हुआ करती आज मेरे साथ लन्दन की सड़कों पर चल रही थी।

मैं जानबूझकर किंग्स क्रास के बाद अग्य्र्ले स्ट्रीट और फिर क्रोमर स्ट्रीट की तरफ़ मुड़ गया। मैं सीधा नहीं जाना चाहता था। उसने मेरी तरफ़ एक दफ़ा प्रश्नवाचक नज़र से देखा तो ज़रूर लेकिन कुछ कहा नहीं। शायद मेरी तरह घुमावदार रास्ते उसे भी भाते थे। हाँ, जब हम वेरनौन स्ट्रीट पर ईंटों वाले सोआस के पुराने दफ़्तर की इमारत के सामने आ गये तो उसने एक ठहरी-सी आवाज़ में कहा, "ओह! हम आ गये।"

फिर, मानो अपनी ही झेंप मिटाने के लिए उसने जोड़ा, "नहीं। मेरे कहने का मतलब कि मुझे लगा था कि हम लोग रसेल स्कवायर वाले सोआस के नये कैम्पस जा रहे हैं। पता है, मुझे वह नया बिल्डिंग एकदम ही नहीं सुहाता है। उसमें कोई कैरेक्टर ही नहीं।"

फिर, थोड़ा साँस लेते हुए उसने कहा, "अच्छा अब तुम आजो, मैं यहीं बाज़ार बाहर तुम्हारा इन्तज़ार करूँगा।"

"पर भला क्यों? तुम मेरे साथ अन्दर चल सकती हो। यहाँ इस तरह बाहर खड़े रहना क्या ठीक लगेगा तुम्हें?"

लेकिन मुझे पता था कि वह मेरी नहीं सुनने वाली। करेगी वही जो उसके दिमाग़ में एक बार घर कर गया।

उसने अपना सर हिलाते हुए कहा, "नहीं। तुम जाओ। मेरी परवाह मत करो। मैं दरअसल इस इमारत को बाहर से ही देखना चाहती हूँ। फिर, हर इमारत में मैं क्योंकर घुस जाऊँ...मीठी सी धूप भी तो है ज़रा देर इसके साथ और चुहलबाज़ी कर ली जाय। पता नहीं, फिर कब नसीब हो, इस शहर में ढलती दोपहर की गुनगुनी सी धूप?"

10

"हाँ, ये सब तो ठीक है लेकिन मेरा सवाल अब भी वैसे ही निरीह खड़ा है। उसका क्या?"

होंठ अब भी शान्त ही थे। गले की नसों में तनाव बना हुआ था।

"मैंने कहा तो था तुम्हें इस महीने के शुरू में ही। हम लोगों को मकान मालिक ने घर खाली करने का नोटिस जो दिया था, उसकी मियाद ख़त्म होने को आयी थी। हम इस सप्तान्त घर शिफ़्ट करने में लगे थे। उससे पहले गुरु और शुक्रवार को सोआस की लाइब्रेरी एक्सप्लोर करने में गुज़र गया।"

मेरे रोज़नामचे ने शायद कुछ तसल्ली बाँधी। उसकी गले की नसें अब पुनः गायब हो चुकी थीं। पर नसों के प्रस्थान ने बेहद हल्की लालिमा त्वचा पर छोड़ दी थी।

"हूँ। नोटिस तो मकान मालिक ने बहुत पहले ही दे दी थी। तभी जब तुम लन्दन आये भी नहीं थे...तुम्हीं ने कहा था। मुझे याद है। खैर, बताओ कहाँ शिफ्ट किये हो? आर्बर कोर्ट जहाँ तुम रहा करते थे। वह मैनर हॉउस वाला इलाका खूबसूरत था। अब...?"

"अभी हम लोग पूर्वी लन्दन शिफ्ट किये हैं। स्ट्रेटफोर्ड। यह ओलम्पिक भी जो न कराये। जिस फ्लैट में हम लोग रहा करते थे उसे ओलम्पिक के लिए खाली करवाया है। खेलों के दौरान लन्दन की प्रॉपर्टी मार्किट आसमान जो छूने लगेगी। वैसे मेरे लिए यह भी एक नया अनुभव ही तो है। एक नये मोहल्ले में रहने, जानने, समझने का अवसर। लन्दन की एक नयी परत जैसे खुले।" मैं अपनी रौ में आता जा रहा था कि उसने विस्मयादिबोधक आँखें कीं।

"ओ! स्ट्रेटफोर्ड! लेकिन वो तो दूर पड़ेगा। मैनर हाउस तो ज़ोन 2 था। स्ट्रेटफोर्ड ज़ोन छह में...राइट?" उसकी आवाज़ में मेरे लिए सहानुभूति और परेशानी उभर आयी।

मैंने उसे सही किया, "नहीं छह में नहीं ज़ोन पाँच ही में।"

"व्हाटेवर", वह झुँझला रही थी। उसके शिकायतों की गठरी धीरे-धीरे उसकी आवाज़ पर हावी होती जा रही थी, "देखो लन्दन दो और लन्दन पाँच में फ़र्क़ है।...और ओलम्पिक उससे तो तुम और करीब ही चले गये। जुलाई-अगस्त में जब खेल होने हैं उसमें वक़्त ही कितना बचा? मार्च तो गुज़र ही रहा है। तुम्हारे स्ट्रेटफोर्ड में ही तो ओलम्पिक के मुख्य स्टेडियम बन रहे हैं। जहाँ तुम रह रहे होगे, शायद उससे कुछ और पूर्व। वैसे स्ट्रेटफोर्ड में तुम कहाँ शिफ्ट किये हो?"

मैंने बात आगे बढ़ाई, "पता है मेरे ठीक बिल्डिंग के सामने मानसिक रूप से विक्षिप्तों का बड़ा-सा हॉस्पिटल है।"

"ओह! वहीं..." उसने एक लम्बी साँस ली।

11

लन्दन, मेरे लिए अतीत का एक शहर हुआ करता था। जब मैं जा रहा था तब भी इस शहर का यही अक्स मेरे जेहन पर छाया हुआ था। मैं अतीत के साम्राज्य की राजधानी जा रहा था। मुझे लगता था कि यहाँ की सँकरी गलियाँ अपने दूसरे छोर पर पहुँचने से पहले ही अँधेरे में खो जाती होंगी। धुन्ध में लिपटी दुपहरियाँ होंगी और हैट से पटे सड़क। मैं दरअसल एक खँडहर हो चुके महानगर की आस मन में सँजाये हुआ था।

एक भय था। अनजाने शहर के अनदेखे ख़तरे जैसा नहीं। पर, इतिहास में इसकी विशालता से उपजा भय।

परन्तु, मेरी इस आशंका को निर्मूल सिद्ध करते हुए, लन्दन मेरे लिए एक परिचित, विनम्र, सरल और गर्मजोशी से भरे शहर के रूप में सामने आया। जब जा रहा था तो मैं बहुत दूर के एक शहर जा रहा था। वहाँ पहुँचकर लन्दन बेहद नज़दीकी और आत्मीय लगा। एकदम अपना-सा।

मैं गोरों की नगरी में जा रहा था, नस्लवाद के केन्द्र में। पर, ट्यूब में, बसों में और फुटपाथ पर मुझे इतिहास के इस शहर को ढूँढ़ने में खासी मशक्कत करनी पड़ी। मुझे मिला कुछ तो एक बहु-संस्कृति और बहु-भाषी चहल-पहल, एक साउण्ड स्केप जिसे विकिपीडिया ने जफैकन या मल्टी-कल्चरल लन्दन इंग्लिश बताया। ट्यूब में बेपरवाह उच्च स्वर में बांग्ला में बातें करते और गालियाँ देते तीस-चालीस की उम्र के युवक-युवतियाँ आत्मविश्वास से लवरेज़ मिले। देल्याना जिसके घर में पेइंग गेस्ट बनकर मैं रह रहा था और जो खुद भी शहरी जीवन पर एक पोस्ट डॉक्टरल शोध कार्य कर रही थी, ने मुझे टोका। सही करते हुए कहा, ये जो सार्वजनिक जगहों पर आत्मविश्वास से बांग्ला बोलते नज़र आते हैं

उन्हें बंगलादेशी मत समझना। ऐसा करने पर शायद वे बुरा मान जायें। इनमें से एक बड़ा तबका है जो ख़ुद को सिलहटी कहलाना पसन्द करते हैं। और अपनी भाषा को भी इसी नाम से जोड़ते हैं। यह इतिहास का, अपनी विशिष्ट पहचान का मसला है। पर, यह पहचान इनके लिए अहम है।

सिलहट के बारे में इतिहास में, विभाजन के सन्दर्भ में, पढ़ तो रखा था। पर, लन्दन की धरातल पर इस इतिहास के अध्याय से रूबरू होना मेरे लिए एक नया अनुभव था। हाँ, इतना ज़रूर था कि हिन्दी पट्टी से आने के कारण और गुजरात में पिछले पाँच सालों से रहने के कारण लन्दन की सड़कों पर हिन्दी, भोजपुरी, मैथिली या गुजराती सुनायी नहीं देने का मलाल होता, मन खटकता तो ज़रूर। कानों में तो पंजाबी भी नहीं आती। एक आध इलाके में सड़कें पंजाबी ज़रूर मिलतीं पर, बंगला का या फिर कहें सिलहटी का कोई सानी नहीं मिला मुझे।

इस सबका असर यह हुआ कि जब कभी ट्यूब में या बस में सफ़र करते वक़्त घर से या दोस्तों से फ़ोन पर बातें करता तो मैं भी मैथिली, हिन्दी बोलने में तनिक भी हिचक नहीं महसूसता। अब न तो लन्दन पराया लगता न ही लन्दन के लोग।

12

फरीछ होने में अभी आध पहर शेष था। पर, नींद का क्या! उचट गयी तो ज़िद पर अड़ गयी।

मैंने कमरे का विंडो ब्लाइंड सरका दिया। बाहर सड़क पर रात भर बरसती रही बर्फ़ ने सफ़ेद चादर फैला दिया हो। सड़क पार की इमारत जहाँ कल देर रात तक पार्टी चलती रही थी वहाँ उस बड़े से डिनर टेबुल के ईर्दगिर्द ख़ामोशी पसरी हुई थी। फिर धीरे-से किनारे की तरफ़ हल्की रौशनी हुई और एक मध्य वयस की महिला का अक्स उभरा। देखते-देखते उस अक्स ने हॉल से लेकर किनारे वाले कमरों में अजीब सी लयात्मकता के साथ भोर आने का स्वागत शुरू कर दिया। वॉशिंग मशीन से लेकर डिनर टेबुल पर बची रह गयी रात की पार्टी के अवशेष दैनिक रागात्मकता के आगे अपने अस्तित्व को खोने लगे थे। मैं नींद

उचटी आँखों से मन्त्र-मुग्ध-सा इस दैनिक चर्या को देखते-देखते कब सो गया पता ही नहीं चला।

नींद खुली तो साढ़े नौ बज रहे थें। आज बहुत कुछ पढ़ने को था। कल जिन किताबों की रिक्वीज़ीशन स्लिप दी थी वो सभी मेरा इन्तज़ार कर रही थीं। उन्हें निपटाना था। कुछ देर के लिए सोंआस भी जाना था और वहाँ के एकाउण्ट से पुराने समाचार-पत्रों के ऑन लाइन ऑर्काइव में काफ़ी कुछ ढूँढ़ना था जो शाम ब्रिटिश लाइब्रेरी के बन्द होने के बाद किया जा सकता था। फिर, आते वक़्त टैकोस से सप्ताह भर के लिए राशन भी लेते आना था।

काम का बोझ या फिर रात के स्नोफॉल की स्निग्धता से उपजी एकाकीपन ने लम्हों को आलस बना दिया। रज़ाई में लिपटे निष्प्राण-सा पड़ा रहा। टटोल कर उँगलियों ने मोबाइल नम्बर मिलाया। अभी तो वहाँ भोर नहीं हुआ होगा। इस पहर तंग करना उचित तो नहीं होगा। पर, आवाज़ के आगोश को तरसता मन उचित-अनुचित का मोहताज तो नहीं। सूरत के भोर की अलसाई आवाज़ ने दिन की शुरुआत कर दी। जब लाइब्रेरी पहुँचा तो साढ़े ग्यारह बज चुके थे। बेसमेण्ट में सामान रखने के लॉकर रूम में खाली लॉकर के लिए अब इन्तज़ार करना ही था। इस प्रक्रिया में दसेक मिनट और गुज़र गये। आख़िर, तीसरी पंक्ति में कोने का आख़िरी लॉकर मेरे लिए खाली हो ही गया। अपने ओवरकोट और बैग आदि को इसके खोखल के हवाले करने के और पेन्सिल तथा नोटबुक को बाहर निकालने के साथ अभी लॉकर बन्द करने ही वाला था कि पीछे से कानों से सटकर आयी फुसफुसाहट की मादकता ने चौंका दिया : 'क्या मेरे ओवरकोट के लिए तुम्हारे लॉकर में कुछ जगह होगी?'

जूनी को मेरे उत्तर की प्रतीक्षा नहीं थी। वह अपने ओवरकोट उतार चुकी थी। स्वेटर भी उतर चुका था और अब इस क्रम में वह बिखर गये बालों को पीछे ले जा रही थी। दोनों हाथों के सर के पीछे चले जाने के कारण उसकी काँख मेरी मुँह के एकदम सामने थे और मैं एकटक उसके काँख के बालों को देख रहा था। देख क्या रहा था, मानो काँख के बालों को सूँघ रहा होऊँ।

रात की बर्फ़बारी बची रह गयी हो जैसे उन बालों में। बर्फ़बारी के सफेदी की बासी ताज़गी...

13

लन्दन फ्लर्ट करने के लिए बहुत अच्छी जगह है।

यूँ तो हर शहर, हर कस्बा, हर गाँव की अपनी कशिश होती है। अपने किरदार होते हैं और फ्लर्ट करने के अपने नाजो नखरे होते हैं। जब दरभंगा में एक गली से दूसरी गली, जाड़े की छुट्टियों के बाद जनवरी में नये क्लास जाता या फिर किसी जनजान के घर जाता तो किसी नये चेहरे से मिलने की आस साथ लिए जाता। वहाँ का हर मोड़ और हर लम्हा ही फ्लर्ट से सराबोर हुआ करता। फिर एक समय वह भी आया जब स्कूली ज़मीन पर कुछ पौध खिलाने का आस छोड़ चुके। जब दरभंगा से पटना कालेज आये तो लगा कि वहाँ तो पहले दिन पहली क्लास में ही कोई सुन्दर और तीखे नैन नक्श वाली तथा तेज़ो- तर्रार लड़की से दोस्ती हो ही जायेगी। पटना कालेज का हाल देख मन ने दृढ़ निश्चय कर लिया कि यदि सही सलामत इंटरमीडिएट करना है तो लड़की उसमें भी सुन्दर लड़की के तरफ देखना भी नहीं है। कुल मिलाकर दो या तीन लड़कियाँ क्लास करने आया करतीं। उनके लिए कई दीवाने कालेज के बॉस लोगों से दो-चार थप्पड़ खा चुके थे। सही में किसी ने थप्पड़ मिठाई खायी या नहीं पता नहीं पर हर आशिक अपने प्रतिद्वन्द्वी के ठुकाई की ख़बर बेहद चुपके से होस्टल के बारादरी में फुसफुसा कर छोड़ दिया करता। अलग-अलग जातियों के अपने बॉस लोग हुआ करते जो अपने जूनियर्स के हितों का पूरा ख़याल रखते। समय-समय पर अपने पौरुष का पराक्रम दिखाते। कभी हवा में फायरिंग से, कभी देशी बम फोड़कर। किसी को धमका कर तो किसी को बुला समझाकर। जो पढ़ने-लिखने वाले लड़के हुआ करते (मुझे भी इसी वर्ग में गिना जाता) उन्हें भी पूरा प्रोटेक्शन मिलता। शुरू में ही उसी जाति के बॉस लोग बढ़िया से समझा देते कि भैया पढ़ने-लिखने वाले हो तुम। बेकार के चक्कर में मत फँसो। हम लोग तो बर्बाद हो गये। पर, तुम जैसों को देखकर मन पुलकित होता है कि भविष्य में कोई तो नाम करेगा यहाँ से। हम जैसे अपने दोस्तों की प्रेमिका के क़िस्से सुनकर और भाग्यश्री के फ़ोटो देखकर पढ़ाई में जुट जाते। जो रचनात्मक होते वे कविता और कहानियाँ लिखने लगते।

कमोबेश, यही फॉर्मूला उत्तर भारत के अन्य छोटे-बड़े कालेजों और उसमें साँस लेती पुरुष हसरतों पर लागू होता। हम भी सोचते कि लैला, शीरी-फरहाद क़िस्से सिनेमा में ही ठीक लगते।

लेकिन, दिल तो आख़िर दिल ठहरा। जब पटना से आगे पढ़ने के लिए दिल्ली विश्वविद्यालय का रुख किया तो फिर से आस जगी। अबकी बार मामला दिल्ली का था, तो दिल ने कहा कि दिल्ली की ट्रेन पकड़ने के लिए पटना स्टेशन पर पहुँचते ही जन्मों की प्रतीक्षा पर पूर्ण विराम लग जायेगा। स्टेशन पर एक-दो जींस और टी-शर्ट में हम उम्र की लड़कियाँ दिखी भी। हम जा भी रहे थे पूर्वा एक्सप्रेस से। उस समय की आभिजात्य गाड़ी हुआ करती थी पूर्वा।

ख़ैर, प्लेटफॉर्म पर बात बनी नहीं कुछ। सोचा ट्रेन कम्पार्टमेंट में तो मामला ज़रूर फिट हो जायेगा। ट्रेन आयी, हम सवार भी हुए। संयोग देखिए कि हमारे सामने वाली सीट पर एक लड़की थी भी। साँवली-सी, बड़ी-बड़ी आँखें, अच्छे-खासे, खाते-पीते घर की पर मोटी तो कहीं से भी नहीं। अब क्या था? एक-एक कर हर कोई अपने इम्प्रेशन जमाने में जुट गये। कुछ देर में जब गाड़ी स्टेशन से बाहर निकली वह सुन्दरी अपने ब्वॉय फ्रेण्ड के साथ तल्लीन हो गयी, जो वहीं साइड लोअर बर्थ पर था पर जिस तरफ़ अभी तलक हम लोगों की नज़र भी नहीं गयी थी। लड़का बी.ए. दूसरे साल में स्टीफेंस से फलसफ़ा कर रहा था और लड़की बी.ए. तीसरे साल में लेडी श्रीराम से थी।

अब हम लाइन मारना भूल कर इन दो आभिजात्य कालेजों में अपने भविष्य को तलाशने में लग गये थे। दोनों रात भर साइड लोअर पर जगे रहे। मेरे नींद के सामने वैसे भी मेरी कभी नहीं चली। लेकिन जब भी करवट बदलता, आँखों के कोने से एकबारगी उन दोनों को करीब-करीब से बातें करते रतजगा किये देख सपनों की दुनिया में खो जाता। जब इस लड़के को ऐसी खूबसूरत लड़की मिल सकती है तो मैं कोई गया-गुज़रा तो नहीं। दरभंगा में नहीं मिली, पटना कालेज खाली रहा, पटना स्टेशन और पूर्वा एक्सप्रेस भी निराश किया लेकिन कोई बात नहीं। अगली साल हम भी इन्हीं दोनों के जैसे इसी समय, ऐसे ही साइड लोअर पर रतजगा कर रहे होंगे।

जाने कब नींद गहरा गयी। जाने कब दिल्ली आने से बहुत पहले दिल्ली का

आसमान आ गया। बगैर बादल के, मध्य जून के ठेठ गर्मी का, दिल्ली का मटिया तम्बई आसमान।

मन तो मन ही ठहरा, सर्वतोमुखी। लन्दन की सड़कों, ब्रिटिश लाइब्रेरी के मेजनाइन फ्लोर और जूनी को छोड़ जाने कैसे दिल्ली, दरभंगा और गाम की तरफ़ मुड़ गया!

गाम : सरिसब-पाही

कल दोपहर बातें निकलीं तो दूर तलक गयीं। पुराने पुश्तैनी घर में परिजनों के साथ ऐसा अक्सर हो ही जाता है। इस तक्खे पर साउण्डबॉक्स रखा हुआ करता था। रेडियो दालान पर होता था। दालान पहले बना, 1923 या 1924 में। और यह कोठा? 1955 में। दालान तो अब शेष रहा नहीं। पर स्मृतियाँ हैं। जगह है, अनुभव है तो यादें भी रहेंगी ही। पर कल बातें होने लगीं, इस तक्खे की, उस कोने की। वहाँ वह मेहराब, यहाँ इस तरफ़ इस खिड़की की। घर-आँगन, दालान, कोठा। अनुभव, स्मृति। और ...मोह। इस मोह का क्या?

यदि आप निर्गुणी हैं तो जगत मिथ्या। मोह तो बस अनदेखे, निर्गुण से। लेकिन य़दि निर्गुण नहीं तो फिर मोह ही मनुष्य को परिभाषित करता है। यही है जो रिश्ते, नाते, घर-द्वार, समय-समाज को रचता बसाता है। पर क्या हम कभी यह जान समझ पाये हैं कि यह मोह क्या है? यह जो घर के इस तक्खे से, इस कोने से, उस चौखट से लगाव है वह क्या है?

यह सवाल ही बेतुका है। मोह को क्या, कैसे की भाषा में नहीं समझा जा सकता है। यहाँ मानवीय भावना विज्ञान की, हमारे ज्ञान की सीमा तय कर देती है। और हम मानुस बने रहते हैं। अपनी स्मृतियों से सुवासित, अपने पुरखों के बास डीह पर भविष्य के ताने-बाने बुनते।

गाँव का वाचनालय

हमारे गाम, सरिसब-पाही में मेरे घर के सामने सड़क की दूसरी तरफ़ एक वाचनालय हुआ करता है। नाम महामहोपाध्याय सर डॉ. गंगानाथ झा वाचनालय। बहुत पुरानी संस्था है। आज़ादी से बहुत पहले की। एक रीडिंग क्लब के रूप में इसकी शुरुआत हुई थी। यह परिपाटी गाम के बुज़ुर्ग और कर्मठ लोगों ने आरम्भ की थी। प्रेरणा कहाँ से आयी यह तो नहीं कह सकता, लेकिन यही लोग गाम में स्कूल, कॉलेज और हस्पताल बनवाने में भी रहे। रीडिंग क्लब इनमें से ही एक के घर के एक कमरे से शुरू हुआ। बाद में दरभंगा महाराज से अनुरोध पर ज़मीन भी मिली जहाँ यह आज जर्जर अवस्था में है। जगह बदली तो नाम भी बदला। गाँव के प्रसिद्ध विद्वान महामहोपाध्याय डॉ. सर गंगानाथ झा का नाम पड़ा इसे। आज चन्द उत्साही ग्रामीण इसको सक्रिय बनाने की मुश्किल कवायद में लगे हुए हैं। आज महामहोपाध्याय डॉ. झा की पुण्यतिथि के अवसर पर एक छोटा-सा कार्यक्रम था, मैं भी शिरकत करने गया। मन में झेंप के साथ। वे मुझे इतिहासकार मान गम्भीर बातों की अपेक्षा कर रहे थे। मैं अपने को एक गमैये के तौर पर देख रहा था। और वह भी अपनी अपूर्णता में लथपथ एक ऐसा सम्बन्ध, जिसे अधिक से अधिक फ्लीटिंग ही तो कहा जा सकता है। आज हैं कल नहीं। फ्लर्ट करता हुआ सा नाता।

मेरा बचपन यहाँ से तीस किमी नज़दीक दरभंगा में बीता। जब गाँव आता तो वाचनालय आकर्षित करता। महाराजी पोखर के उत्तर-पूर्वी महार पर ऊँचाई में स्थित इकलौती इमारत। सन् अस्सी की शुरुआत की बात मैं कर रहा हूँ। संस्था अपने अवसान पर थी। लेकिन शाम को लोग-बाग जुटा करते। कुछ खेल-कूद, कभी-कभार वृहत् आयोजनों का होना भी मेरी स्मृति में शेष है। यहीं शायद

सबसे पहले मैंने शाखा लगते हुए भी देखा था। पर जिस कौतूहल की याद ज़ोरदार है, वह इसके वाचनालय होने को लेकर है। पुस्तकालय या लाइब्रेरी क्यों नहीं, वाचनालय क्यों?

आज जब सोचने बैठा तो पुस्तकालय को केन्द्र में रख लिखा गया एक उपन्यास, उम्बर्तो इको का 'नेम ऑफ़ द रोज़' और जादुई यथार्थवाद के पुरोधा खोर्खे लुई बोर्खेई की लघु कहानी 'लाइब्रेरी ऑफ़ बेबल' की ओर मन चला गया। 'नेम ऑफ़ द रोज़' पुनर्जागरण धर्म-सुधार के युग की पृष्ठभूमि पर लिखे गये इटली के एक मठ की कहानी है जहाँ प्रतिदिन एक भिक्षु अन्तःवासी की हत्या हो रही होती है। तहक़ीक़ात वहाँ के विशाल लाइब्रेरी की ओर ले जाते हैं। अन्त में पता चलता है कि राज उस लाइब्रेरी के अफ्रीकी सेक्शन के एक ख़ास किताब के पन्नों में छुपा हुआ है। तर्क और विश्वास, आस्था और जिज्ञासा की जद्दोजहद में ज्ञान और सत्ता के समीकरण अद्भुत रूप में हमारे सामने आते हैं, यहाँ इस लाइब्रेरी में हो रही हत्याओं के जरिये।

ऐतिहासिकता लिए हुए इस लाइब्रेरी से बहुत अलग दुनिया है बोर्खेई के लाइब्रेरी ऑफ़ बेबल की। यहाँ एक ऐसी अद्भुत लाइब्रेरी है जिसमें वे सारी किताबें हैं जो दुनिया में उपलब्ध हैं। जो यहाँ नहीं, वह कहीं नहीं। इतना ही नहीं यहाँ महज़ किताबें नहीं उन किताबों की भाषाएँ और ज्ञान के तमाम कोड भी हैं। मतलब जो यहाँ नहीं वह दुनिया में ही अस्तित्व में नहीं। यह एक ऐसी लाइब्रेरी है जो कल्पनातीत है, लेकिन जिसकी आकांक्षा हर बाल मन पुस्तकालय में प्रवेश करते हुए करता है। जब बचपन में हम लाइब्रेरी जाते तो सोचते यहाँ हमारे हर सवाल का जवाब होगा। पुस्तकालय ज्ञान का अकूत भण्डार। लेकिन स्वस्थ समाज के लिए महज़ किताबी ज्ञान पूर्ण नहीं। ज्ञान की साझेदारी भी ज़रूरी। इसलिए रीडिंग क्लब। मन के साथ शरीर को भी तन्दुरुस्त रखना होगा। इसलिए भी पुस्तकालय को केन्द्र में रखते हुए भी एक ऐसे स्थान की परिकल्पना जहाँ खेलकूद और विचार और ज्ञान सबका आदान-प्रदान हो सके। गाम और इसके समाज की प्रगति के लिए। जो आज जर्जर हो चुका है। नव उत्थान की आस सँजोये। जद्दोजहद करता समय के थपेड़े से। हमारे गाँव का वाचनालय।

गर्मियों की छुट्टी

उन्हीं दिनों की बात है जब गर्मियों की छुट्टी में, दुर्गा पूजा में और दिसम्बर में वार्षिक परीक्षा के बाद हम लोग दरभंगा से अपने गाम जाया करते। महज़ 29-30 क्लिोमीटर की यात्रा। भीड़ भरी बस, 1753, 2153... और ऐसी ही अनेको 53 प्रत्यय वाली लाल मुँह की बसें। वहाँ गर्मी में सुबह अँधेरे आम तुड़वाने जाया करते, दलान में सोते, छोटे-छोटे कपों में चाय पीते वह भी भोर होने से पहले। यहाँ यह जोड़ देना ज़रूरी है कि दरभंगा डेरा पर माँ का चाय पर पहरा हुआ करता और हम बच्चों को चाय नहीं मिलती। पर गाम में मेरे पितामह, हमारे बाबा का दलान माँ की पहुँच से बहुत दूर हुआ करता। जब तक सूर्योदय होता हम लोग गाछी से लौट भी रहे होते। फिर आम का पाल लगाया जाता, घूप लगाया जाता और छँटनी होती। अब तक, माँ की तरफ़ से तैयार होने का और जलखई कर लेने का दबाव बढ़ने लगता और हम सब घर के ही छोटे पोखर का रुख़ कर रहे होते। पूरा दिन खेल, शोर-शराबा। दिन भर इधर से उधर बौआना, कभी मोछ की चटनी तो कभी कच्चे आम का झक्का।* मौलवी साहब की दुकान से बंसी और तरैला** लाना और बुढ़िया कबड्डी का खेल। लेकिन यह सब तो गाम पहुँचने के कुछ देर बाद या फिर अगले दिन शुरू होता। गाम में बस रुकते ही गोसौन*** को गोड़ लगने और बड़ों का आशीर्वाद लेने के ठीक बाद या शायद

* झक्का (मैथिली) : कच्चे आम को महीन टुकड़ों में काटकर उसमें नमक, मिर्च और कच्चे सरसों के तेल के साथ मिलाकर बना एक व्यंजन।

** तरैला (मैथिली) : मछली मारने की बंसी का वह भाग जो हलका होने के कारण पानी पर तैरता रहता है और उसका डूब जाना मछली के आने एवं काँटे में फँस जाने का संकेत हुआ करता है।

*** गोसौन (मैथिली) : मैथिल परिवार के लिए सर्वाधिक पूजनीय देवी जिनका कोई मानवीय आकार नहीं हुआ करता है।

उससे भी पहले सबसे पहले भाग कर छत पर चढ़ जाते। पहली मंज़िल पर एक ख़ाली चौकोर कमरा जिसमें महज़ एक चारपाई हुआ करती। अंगूर की बेलें और खट्टी-खट्टी, लेकिन बेहद रसीले गहरे रंग के अंगूर। पर मंज़िल तो अभी आगे हुआ करती, उस एकाकी छत वाले कमरे की छत पर जाना। लकड़ी की एक सुरुचिपूर्ण सीढ़ी हुआ करती और हम उसे चढ़ ऊपर सबसे ऊँचे छत पर जाते। जालीदार ख़ूबसूरत रेलिंग की सुरक्षा में सामने पूरा पसरा हुआ पूरब। बाल मन में किसी की कही बात घर कर चुकी थी कि साफ़ आसमान में हमारे गाम के उस छत से हिमालय की बर्फ़ भरी चोटियाँ दिखती थीं। दूर तक पसरे पूरब और उत्तर के कोण में मैं कभी यह तय नहीं कर पाता कि जो दिख रहा होता वह उजले नीले बादल हुआ करते या सचमुच हमारी क़िस्मत हमारा साथ दे रही होती और हिमालय ही के दर्शन हो रहे होते। सत्य को किसने देखा? विज्ञान जिसने इस सत्य को देख लेने का दावा किया, उन दिनों मुझसे तो दूर ही था। हिमालय पहाड़ या उजले नीले बादल तुम जो भी थे मुझे पसन्द थे। एक उत्तर बिहार में पलने वाले मन में तुमने हिम आच्छादित पहाड़ देखने की ललक को जगाये जो रखा।

आम चर्चा

लोग कहते हैं कि दुनिया दो भागों में बँटी हुई है, उत्तरी गोलार्द्ध और दक्षिणी। दिन और रात। काले और गोरे आदि-आदि। इसी तरह, दुनिया में दो ही तरह के लोग होते हैं। एक तो वे जिन्हें आम पसन्द हैं और दूसरे जिन्हें आम पसन्द नहीं हैं। यह विभाजन वैसा ही है जैसे समाज ख़ास और आम में बँटा हो।

पर, समीकरण यहाँ विलोम का ही माना जाय यह मेरा आग्रह है। अर्थात् जिन्हें आम पसन्द होते हैं वे ख़ास हुए और जिन्हें यह शाही फल न भाता हो वे हुए आम। ख़ैर, जैसे चुनाव जीतने के बाद आम से ख़ास हुआ जा सकता है उसी तरह यह कतई ज़रूरी नहीं कि आप आम का स्वाद लेकर ही धरती पर अवतरित हों। ज़िन्दगी के अन्य रसों के साथ आपको आम का रस उठाना भी उम्र के साथ आ सकता है। दरअसल, मुझे भी बचपन में आम कुछ ख़ास नहीं सुहाता था। मैं लीची वाले गैंग का सदस्य होना अधिक पसन्द करता था। लीची अब भी मुझे अधिक ही सुहाती है। पर, आम भी कुछ कम नहीं सुहाता अब। ठीक वैसे ही जैसे अब काले और गोरे के बीच रंगभेद से ऊपर उठ गया। दोनों ही त्वचा वाली नर-नारियाँ मन को भाती हैं यह मैं जान चुका हूँ।

ख़ैर... जैसे दुनिया दो भागों में बँटी है उसी तरह आम भी दो ही तरह के हुआ करते हैं। कलमी और वे जिसे मैथिली में हम बिज्जू कहा करते हैं। वैसे लकड़ी तो बिज्जू पेड़ की ही पवित्र मानी जाती है, पर आम कलमी ही पसन्दीदा होते हैं। अमूमन यही होता है। हाँ, यह और बात है कि मेरे अपने बचपन की आम-स्मृति में पछबरिया महार पर के विशाल गाछ से पोखर में ढबाढब गिरते सिन्दुरिया का

अहम स्थान है। हम पोखर में नहाते बच्चे पानी से सिन्दुरिया छान लेते और एक ही चोभा में काम तमाम। सारा रस मुँह के भीतर, गुठली अलग।

जब दो के नियम से बात चल निकली है तो कलमी को भी दो ही में बँटना होगा, गुद्दे वाले और रेशे वाले। जैसे गुलाब ख़ास हुआ यह रेशे वाला हुआ। पर, जो गुद्दे वाले होते हैं वही मुझे भी मन भाते हैं। लेकिन यहाँ भी दो प्रकार होते हैं एक जिन्हें मुट्ठी काट कर चोभा लगाकर खाने का चलन है और दूसरा जिसे अपेक्षाकृत सभ्य तरीक़े से क़तरा-क़तरा शालीनता और नफ़ासत से खाने का चलन है। बम्बई पहली श्रेणी में आयेगा। कभी किसी ज़माने में इसकी धूम हुआ करती थी। जबसे नयी दिल्ली ने मुम्बई को पीछे छोड़ा, जबसे बाज़ार और मोनोक्रॉप का अधिपत्य हुआ बम्बई का भी वही हश्र हुआ है जो कुछ पहले नारायण भोग, शाहपसीन, लक्ष्मेश्वर भोग, जर्दा, जर्दालु जैसों का हुआ। फेसबुक पर ये सभी तेज़ी से नेपथ्य में धकेल दिये जाने को अभिशप्त हो गये। राज करने के लिए यदि कोई बच गया तो लँगड़ा। दूसरा शब्द चाहिए तो सपेता, सफ़ेदा, मालदह कुछ भी कह सकते हैं।

बाज़ार ने इस लँगड़े को शीर्ष पर स्थापित कुछ यूँ किया कि हम स्वाद और आमों की सांस्कृतिक विभिन्नता को समृद्धि का सूचक मानना ही भूल गये। हाँ, मालदह को चूस कर खाने का चलन पहले भी नहीं हुआ करता। लँगड़ा अपने खाने के तरीक़े में शालीनता की दरख़्वास्त किया करता। क़तरा-क़तरा खाया जाता। यह इसलिए भी कि बम्बई रसीला होता तो मालदह अपने गुद्दे की कसावट के लिए तवज्जो पाता। पर, यह सब मैं क्यों कह रहा हूँ? आम तो आम ठहरा, ख़ास लोगों को तो जैसे मन होगा वैसे वे आम को खाया करेंगे। चूस कर हो या क़तरा-क़तरा। प्रजातन्त्र है। एक लँगड़े का ही यदि गुणगान करना ठहरा तो फिर, ऐ संगदिल मेरा ही संगेआस्ता क्यूँ हो?*

* असल शेर का टुकड़ा कुछ यूँ है "जब सर फोड़ना ही ठहरा तो ए संग दिल तेरा ही संगे आस्ता क्यूँ हो।"

आम चर्चा : सलीम लँगड़े पे मत रो

कामदेव के बाण पाँच फूलों के बने हैं : अशोक, शिरीष, लाल कमल, नीले कमल और... आम के मज्जर। फूल दो तरह के बताये गये। एक गन्धर्भ (अर्थात् जिनसे फल नहीं होते) और दूसरे मानवीय (वे जो फल में परिवर्तित हो जाते)। कामदेव के इन पाँचों फूलों में पहले चार गन्धर्भ हैं और एक आम का मज्जर ही है जो मानवीय है। जो फलदायक है।

ख़ैर, परसों रात आम चर्चा के बाद लँगड़े के बहाने सोचा कुछ लिखता चलूँ। पर, कल लगा कि जब हर जगह लोग, आम लोग भीड़ के मत्थे चढ़ रहे हैं, जब हमख़याल विरोध कर रहे हैं और अपने-अपने सामर्थ्य से ही भीड़ की राजनीति के ख़िलाफ़ पुरज़ोर आवाज़ उठा रहे हों तो ऐसे में आम चर्चा बेमानी लगी। मन उचट गया। फिर लगा जो बात शुरू की, जितना लिखा वो तो साझा कर लूँ। बात बाक़ी बाद में फिर कभी।

लँगड़े आम से प्रेम वस्तुतः बाज़ारवाद की देन है। इस तरह से सोचना मन पर ठेस लगा सकता है। हर बात में बाज़ार को शामिल करना क्लान्ति का सबब हो सकता है। बाज़ार है तो रहे। इससे व्यक्तिगत पसन्द-नापसन्द को हर दफ़े जोड़ देना... ये कोई बात हुई। फिर, कम से कम आम को तो बौद्धिक जुगाली और एक्टिविज्म से अलग ही रखा जाय। वो भी आम के महीने में! लाहौल बिलाक़ुबत! हिन्दुस्तान की गर्मी तो ब्रिटिश साम्राज्य में भी मशहूर थी। ऐसे में आम और खस की टट्टियों का ही तो सहारा रहा होगा। खस की टट्टियाँ तो लम्बे हवादार बरामदे, कोलोनियल बँगलों और ऊँची सीलिंग वाले कमरों के साथ ही स्मृति में निर्यात कर दी गयीं। बची रह गयी तो हिन्दुस्तान की गर्मी (द ग्रेट इण्डियन समर) और आम।

और आप हैं कि आम के साथ हमारे ताल्लुकातों में बाज़ार की सेंध की बात कर रहे हैं। और वह भी लँगड़े के मामले में! यह देशद्रोह से कतई कम नहीं। यदि आम और बाज़ार की बात करनी है तो किसी और आम को उठा लीजिए। दुनिया में आमों की कमी है क्या? लँगड़े पर कोई बात नहीं होगी। फरमान।

पीरियड।

यक़ीन मानिये, मैं ख़ुद भी लँगड़े का बहुत बड़ा प्रशंसक हूँ। पर, जो आपके सबसे चहेते हों उन पर भी तो ठहरकर सोचने की ज़रूरत होनी चाहिए। जब मानव योनि में जन्म हुआ तो आत्म चिन्तन तो बनता है। कभी-कभार तो स्वार्थ त्याग कर यह चिन्तन करना ही चाहिए। हाँ, बुद्धिजीवी बनने से बचना ज़रूरी है। ख़ासकर आज के दौर में जब बुद्धि का उपयोग वर्जित माना गया हो।

ख़ैर, देखिए बात लँगड़े की करने बैठा और भटक कहीं और ही जा रहा हूँ। यही तो है लँगड़े का मोह और बाज़ार का सम्मोहन।

हाँ, लगे हाथ शुरू में ही स्पष्ट कर दूँ कि मुझे मालदह को लँगड़ा कहने में हमेशा एक कचोट का अनुभव होता रहा है। यह दैहिक विकलांगता का प्रगुणन है भाषा के स्तर पर और स्वाद तथा खान-पान जैसी दैनिक क्रिया के स्तर पर। इसी तरह हम अनजान पलों में विकलांगता का पुनरुत्पादन कर रहे होते हैं। आप कहेंगे नाम में क्या रखा है? मैं आगे बहस किये बग़ैर आपको फिरफिर से सोचने का आग्रह करूँगा।

अच्छा, एक और बात। बाज़ारवाद हमेशा नकारात्मक अर्थ में ही तो नहीं हमारे सामने आता। बग़ैर बाज़ार के समाज की कल्पना क्या हम कर सकते हैं? कम से कम इतिहास के जिस पायदान पर हम खड़े हैं वहाँ से तो नहीं ही। पर, फिर भी हमें इस सम्बन्ध के प्रति, समाज और बाज़ार के रिश्ते को लेकर सजग तो रहना ही चाहिए। वैसे ही जैसे नेताओं की कथनी और करनी को लेकर या फिर समाज में राजनीति की दख़लअन्दाज़ी को लेकर।

पोख़ैर और पोथी

बिहार के मधुबनी ज़िले का सरिसब-पाही गाँव। यहाँ चौदहवीं सदी के उत्तरार्ध-पन्द्रहवीं सदी के पूर्वार्ध में पण्डित भवनाथ मिश्र हुए जिन्हें उनके कभी न याचना करने के स्वभाव के कारण अयाची के नाम से जाना गया। अपने सवा कट्ठे के बासडीह से उपजे शाक सब्ज़ी से गुज़र बसर कर इस अयाची दम्पति का जीवनयापन हुआ करता।

यूँ तो संस्कृत की किताबों में ब्राह्मण हमेशा निर्धन ही चित्रित होते आये हैं परन्तु ब्राह्मण इन्हीं दन्त कथाओं और इसी धार्मिक साहित्य में अपने असन्तुष्ट एवं याचक प्रवृत्ति के लिए अभिशप्त भी रहा है। ऐसे में अयाची होना और विद्वत्ता होते हुए भी राजदरबार से दूर, याचन से दूर, लक्ष्मी से दूरी ज़िन्दगी भर निभा जाना मामूली तो नहीं। इस अयाचना के स्वाभिमान को समाज ने पिछली छह सदियों से याद रखा है। एक किंवदन्ती की तरह। विद्या के आत्म गौरव के सम्मान की तरह। अयाची के भाई जीवनाथ नव्य न्याय के प्रसिद्ध विद्वान भी हुए। परन्तु कुल की विद्वत्ता अयाची पुत्र श्री शंकर मिश्र से अधिक प्रतिष्ठित है।

शंकर को नव्य न्याय में एक विशिष्ट हस्ताक्षर के नाम से जाना जाता है। वाचस्पति मिश्र के समकालीन शंकर ने स्मृति, काव्य नाटक आदि प्रत्येक विधा में अपना योगदान दिया पर, इनकी पहचान नव्य न्याय के दार्शनिक के रूप में है।

नव्य न्याय को भारतीय दर्शन में सबसे क्लिष्ट और तार्किक माना गया है। यह कई बौद्ध और अद्वैत के उत्तर के रूप में भी जाना जाता है। अद्वैत ने ब्रह्म को अज्ञेय, अनाम्य और असम्प्रेषणीय माना और ज्ञान को अन्तिम चरण में भक्ति

के आगे नतमस्तक कर दिया। माया में लिप्त ब्रह्म को ईश्वर की संज्ञा दी जिसके आगे ब्रह्म की प्राप्ति ज्ञान से सम्भव नहीं मानी गयी क्योंकि ब्रह्म तो स्व उदभाष्य, अपरिमेय, सत्य से परे वह है जिसका न तो स्वरूप है न ही जिसे किसी भाषा में परिभाषित किया जा सकता है। इसलिए इसे कोई नाम भी नहीं दिया जा सकता। यदि मध्यकालीन भक्ति परम्परा का दार्शनिक आधार कहीं रहा तो वह ज्ञान मार्ग की उपयोगिता और इसकी सीमाओं को भी उतनी ही स्पष्टता से स्थापित करते हुए अद्वैत की तरफ़ ही जाती है। इसके प्रति उत्तर में नव्य न्याय ने अपनी उस थाती की तरफ़ कदम मोड़े और पुनर्परिभाषित किया जिसमें सबसे अधिक बल ज्ञान प्राप्ति की प्रक्रिया पर, पद्धति पर था। जिसका नाम है वह नामेय भी है। जिसका अस्तित्व है वह ज्ञेय भी है। हमारे गाँव के शंकर मिश्र जिन्होंने स्वयं को भवनाथ मिश्र के पुत्र के रूप में लिपिबद्ध किया वे इसी नव्य न्याय की हस्ती रहे।

ये भी अपने पिता की ही तरह दरबार से दूर ही रहे। इनके समकालीन एक और धुरन्धर बाचस्पति मिश्र दरबार से करीब और सभापण्डित तो थे पर शंकर नहीं। हाँ, अपने पिता के स्वभाव से भिन्न शंकर का काशी में होना तो ख़ैर स्पष्ट ही मिलता है। वहाँ के कुछ समकालीन प्रभावी पण्डितों ने इन्हें बृदोक्ष से सम्बोधित किया है जिसका सामान्य अर्थ बूढ़ा बैल या साँड़ है। अर्थात् यह तो तय है कि इनके घात करने की शक्ति और सामर्थ्य जग जाहिर रही होगी।

बहरहाल, हम गाम वालों के लिए हमारे गाम ने शंकर और अयाची मिश्र की लीगेसी को पिछली छह सदी में दो तरह से सँजोये रखा है। एक यह कि जब शंकर महज़ पाँच साल के ही थे तो इनकी ख्याति महाराज तक पहुँची जहाँ से बुलावा आया और जहाँ चुनौती के जवाब में इन्होंने तत्क्षण संस्कृत का एक श्लोक बनाकर सुना दिया। हम बच्चों को, पिछली इन सभी सदियों में, हमारे परिजन परिवेश ही की तरह पाँच साल से बहुत पूर्व ही यह श्लोक मुग्ली घुट्टी की तरह कण्ठस्थ करवाते आये हैं :

बालोऽहं जगदानंदऽ न मे बाला सरस्वति।
अपूर्णे पंचमे वर्षे बर्णयामि जगत्रियम।।

नव्य न्याय का जानने की पद्धति पर ज़ोर कुछ यूँ रहा कि नैयायिकों से आम

जन दो कोस दूर रहना बेहतर समझने लगे। नव्य न्याय ज्ञान के स्रोतों में किसी विषय पर चली आ रही ज्ञान अथवा समझ को या सहज भाषा में कहें तो परम्परा को एक महत्त्वपूर्ण कड़ी मानते रहे और इसके लिए जिस पद का व्यवहार होता है वह है 'शब्द'। शब्द को ज्ञान का महत्त्वपूर्ण अंग माना गया, पर नैयायिक हर शब्द, परम्परा को भला क्योंकर स्वीकारने लगे? तो दैनिक सामाजिक परम्पराओं की कूपमण्डूकता को इन नैयायिकों ने, इनके तेज़ वंशजों ने चुनौतियाँ भी जम कर दीं। समाज ने भी प्रतिउत्तर में लोक हास्य गढ़े। पर, इस सबके मूल में जानने की पद्धति पर ज़ोर, किसी घटना के सुलभ और सरल कारणों को छोड़ भिन्न दृष्टि से देखने की उत्कट अभिलाषा बनी रही। एक दफ़ा, एक ऐसे ही उद्‌भट नैयायिक दीर्घ शंका* का निपटारा कर रहे थे। जाड़े का मौसम था और ठण्ड कड़ाके की थी। तो जनाब मोटा-सा कम्बल लपेटे ही बैठ गये शौच करने। निपटारे के बाद जब धोने का समय हुआ तो काँख के नीचे कम्बल आने से बार-बार प्रयास करने के बाद भी हाथ गुदाद्वार तक पहुँचे ही नहीं। अब भला प्रक्षालन करें तो करें कैसे? मैथिली में ज़ोर से पुकार कर कहने लगे 'किंवा हाथे छोट भ गेल किंबा नदी मार्गहि घुसकि गेल'। या तो हाथ छोटा हो गया या मलद्वार ही जगह से खिंसक गया।

ख़ैर, यह तो एक बात हुई सत्य और ज्ञान की प्राप्ति के जुनून का। सवाल उठाने की संस्कृति का और कही सुनी स्थापित मान्यताओं को बग़ैर तर्क के अन्ध स्वीकृति से बचने की परम्परा का। उस व्यवहार का जिसकी नींव नव्य न्याय और नैयायिकों ने रखी।

हमारे गाम की दूसरी लीगेसी है गाँव के ठीक बीच में स्थित पोखर और उसको खुदवाने वाली चमाईन।

जब अयाची के यहाँ शंकर का जन्म हुआ तो दम्पति के पास दाई चमाईन को देने के लिए कुछ भी न था। लेकिन जब शंकर को दरबार में ऊपर लिखे श्लोक के लिए पुरस्कार स्वरूप चन्द्रहार मिला तो शंकर की माँ ने इसे उन्हीं दाई चमाईन को जन्म के पारितोषिक रूप में दे दिया। चमाईन भी निर्मोही ही थीं। उन्होंने

---

* दीर्घ शंका (मैथिली) : शौच क्रिया या 'दस मिनट'।

इस चन्द्रहार की राशि से जन कल्याण हेतु एक जलाशय का निर्माण करवाया जो आज भी खड़ा है। मैंने बचपन गुज़र जाने के बहुत बाद जब अनुपम मिश्र की किताब 'आज भी खरे हैं तालाब' पढ़ी तो बार-बार मन अपने गाम के इस पोखर और चमाईन की तरफ़ चला जाता था। अनुपम जी ने ऐसे कई उदाहरण दिये हैं, देश के कोने-कोने से। और हमें अभिमान रहा कि हम इसी संस्कृति की उदात्तता के साये तले पले बढ़े। जैसे उन्होंने अपने भौतिक सुख की परवाह किये बग़ैर गाम के कल्याण को सर्वोपरि माना, गाम ने भी उनकी स्मृति में आज अयाची के साथ उतनी ही प्रतिष्ठा दी।

ग़ौरतलब हो कि दोनों ही अपने नाम से नहीं बल्कि लोक स्मृति द्वारा दिये गये नामों में बने रहे। बहुत हाल तक मुझे अयाची मिश्र का मूल नाम भवनाथ मिश्र नहीं ज्ञात था और यह मैं गाँव की जातिगत व्यवस्था पर पर्दा डालने के लिए नहीं लिख रहा। वह तो भारतीय समाज की हक़ीक़त के रूप में हमेशा ही रहा। सामाजिक समरसता का एक सुखद पहलू भी तो यहाँ है ही जिसे रेखांकित करने की ज़रूरत है।

साउण्ड स्केप

आवाज़ जब क्षीण हुआ करती थी, जब वे बहुत दूर से रास्ते भी तय कर हमारे पास पहुँचती तब, उन दिनों कान उनकी बड़े चाव से आवभगत किया करते। दूर से आती, गाँव की हवा में तैरती बलखाती, स्वरलहरी। चाहे अजान हो या चौकी तोड़ नाच, या फिर नौटंकी कानों को अप्रिय नहीं लगा करती। दूर से आते तो ढोल सुहावन।

अब आवाज़ तेज़ आती है। एम्प्लीफाई होकर और मिक्सर में तमाम तरह की सर्किटों से कैप्सूल खाकर आया करती है। नज़दीक से आती है और कानों तक जल्दी से पहुँच जाती है। पर अब सुनायी कम देती है।

बीते चन्द दशकों में गाम में एक सिनेमा हॉल भी चला करता है। ठीक हमारे घर के पीछे, सड़क की दूसरी तरफ़। महाराजी पोखर के उत्तरी पश्चिम महार पर। दोपहर से पहले ही वहाँ सिनेमा हॉल में मिथुन चक्रवर्ती जग जाते और मध्य रात्रि तक संसार के शत्रुओं का संहार पर्दे पर किया करते। उनके डायलाग और गानों से दिग-दिगन्त कम्पायमान हुआ करता। हम जैसों की तो बिसात ही क्या? पटना उतरते ही डीलक्स वीडियो कोच की थरथरार्ती टीवी से ही वो हमारे साथ हो लेते। घर पर पैर रखते ही धमकी मिलती : कुत्ते, कमीने मैं तेरा ख़ून पी जाऊँगी...

आजकल उस तरफ़ से राहत है।

समय गुज़रा और लाउडस्पीकरों की दुनिया भी बदली। अब तो शायद मुझ जैसे दकियानूसी और आउट ऑफ डेट ही लाउडस्पीकर शब्द का प्रयोग करते हों।

साउण्ड सिस्टम कहिए, साउण्ड सिस्टम। काली पूजा, दीवाली, दुर्गा पूजा, अष्टजाम, कभी-कभी तो पच्चीस-पच्चीस दिनों तक कीर्तन चला करते हैं। हमारा गाँव दो गामों का यूनिट है सरिसब और पाही। इन मौक़ों पर प्रतिस्पर्धा देखते ही बनती है। स्पीकरों की संख्या से तय होता है कि कौन कितना डायनामिक है। ग़ौरतलब हो कि छठ के अवसर पर सड़कें बहुत शान्त मिलीं।

सामाजिक परिवर्तन का यदि कोई लेखा-जोखा करना चाहे तो गाँव की फिज़ा में कभी लहराती कभी शोर मचाती इन आवाज़ों को सुनना चाहिए। मैं टोल पर दूर बज रहे कर्ण प्रिय संगीत की स्मृति में सोना चाहता हूँ। पर, टोल, अब सड़क में तब्दील हो चुके हैं।

बाहर कौए कुचर रहे हैं। देखें, आज सुबह कौन-सी आवाज़ लेकर आता है?

गामशहर

रिक्शा पर लाउडस्पीकर पर सिनेमा के गीत का संगीत बज रहा है। आवाज़ बहुत तेज़ नहीं है। मुझे लगा सिनेमा का ही प्रचार हो रहा है। गाँव में एक सिनेमा हॉल भी तो है। इतने में म्यूज़िक बन्द हुआ और रिकॉर्डेड मर्दाना स्वर शुरू हुआ 'पहली बार आपके शहर में राजस्थान का मशहूर मारवाड़ी दुल्हन लाल मेहँदी'... संगीत फिर शुरू।

क्या गाम शहर हो गया? या फिर, कहीं शहर ही तो गाम में तब्दील नहीं हो गया? इन दोनों के दरमियान जो फ़ासले हुआ करते थे तय करने के, फिर उनका क्या?

क्लेरिनेट मन

मन तो मन ही ठहरा। कब कहाँ भटक कर किस मोड़ पर, किस तरफ़ मुड़ जाय कोई ठिकाना नहीं। अभी हठात् ही बॉथ के प्रसिद्ध गिरजाघर के बाहर क्लेरिनेट बजाने वाले की याद हो आयी। उसकी धुन में कुछ अजीब सी कशिश थी। बहुत मादकता के साथ वह धुन गहरी उदासी के मंज़र बिछाती, वहाँ से हौले से आपको उतनी ही मन्थर गति से आनन्द की ओर ले आती। कुछ लोग उस क्लेरिनेट वादक को अर्ध चन्द्राकार घेरे खड़े सुन रहे थे। कोई एक टुकड़ा सुन आगे बढ़ जाती। कोई महज़ नज़र घुमाती अपनी चाल धीमी करती, सुनहली बाल की लपटों को कान के पीछे समेटते हुए आगे निकल रही थी। कुछ तल्लीनता से खड़े दुनिया से बेख़बर धुन के सहारे किसी दूसरी दुनिया और अनोखे समय में पहुँच चुके थे। संगीत के मोहपाश ने हर किसी को छुआ था। लोग-बाग सामने रखी हैट में सिक्के और नोट डाल कर आगे बढ़ जाते।

क्लेरिनेट वाले की रोज़ी-रोटी इन्हीं पैसों से चलती थी। संगीत में लिप्त ज़िन्दगी। जो दिन भर कमाया, उसी से जठराग्नि शान्त की। जीवन जीने के लिए और क्या चाहिए।

वह क्लेरिनेट वादक दुनिया में अकेला तो नहीं। यदि ठहर कर सोचें तो ऐसे अनेक मिल जायेंगे। क्लेरिनेट की उसी धुन की स्मृति में एक हूक सी उठती है। हर दिन एक किताब लेकर रास्ते और चौराहे पर बैठूँ। चाय की दुकान की उस बेंच के किनारे कोने में बैठा पन्ने पलटूँ। फिर दिन ढलते-ढलते किताब ख़त्म हो। अपनी बुद्धि से दिन भर जितना अर्जन हो, वही बस उतना ही। मार्केज के नायक सा प्रेमियों के लिए प्रेम-पत्र लिखूँ। नये प्रेम को परवान चढ़ते देखूँ। बिछुड़ों के विरह का दुख बाँट लूँ। फिर से नया बसन्त आये और नव पल्लव की तरुणाई से मन फिर प्रफुल्लित हो।

शादी

आज हमारी शादी के बारह बरस हो गये। यूँ तो यदि कभी किसी डोर में, किसी रिश्ते में गाँठ पड़ जाय तो हम उसे सुलझाने को उतावले हो उठते हैं। अव्वल तो रहीम कह गये हैं : रहिमन धागा प्रेम का मत तोड़ो चटकाय, टूटे पे फिर न जुड़े, जुड़े गाँठ पड़ जाय।

पर, यही गाँठ हमारे सम्बन्ध के मूल में भी तो है। बिना गाँठ के न तो प्रेम, न ही दोस्ती, न शादी, न इबादत, न बन्दगी और न ही ज़िन्दगी। फिर, भला गाँठ क्यों न प्रीतिकर हो? ख़ासकर, वर्षगाँठ।

ये नहीं कहूँगा कि अभी की ही बात लगती है, पिछली पहर ही की, जब हम दोनों मिले थे। बारह बरस कम नहीं होते हैं भला। पर स्मृति पल, दिन, महीने और साल के क्रम में कहाँ व्यवस्थित हुआ करती? न तो हमारा मन हिसाब के जोड़-घटाव तक सिमटा होता है और न ही दिमाग़ के न्यूरॉन की पेचीदगियाँ ही कैलेण्डर की काल-गणना को ही कुछ ख़ास अहमियत दिया करती हैं। तो जब मन-मस्तिष्क दोनों ही अपनी ही मानें तो यह लाजमी है कि बारह बरस पहले का दिन ऐसे याद रहे, जैसे वह पल अतीत न होकर अपने होते जाने की निरन्तरता में आज ही की बात हो।

उस दोपहर जब सुनहले बार्डर की लाल ताँत की साड़ी में तुम थीं। सीधे पल्ले में, वह भी बग़ैर आयरन के। कुछ ऐसा कि अपने ही घर से भाग आये हों, हम दोनों। और कनॉट प्लेस से होते हुए जनपथ पर हाथ में हाथ लिए हम बेफिक्री से घूम रहे थे। गाँठें खोलते, उलझते-सुलझते मन की गिरह...

रात के शब्द

उस चमकीली रात शब्द कुछ यूँ तैर रहे थे मानो मसान की आत्माओं ने प्रेतभोज का न्यौता भेजा हो। पहले सोचा कि रात का रपट अभी रहने देते हैं। मचान पर कुछ देर तलक सूखने देते हैं। क्या पता तब तक उनमें कुछ स्वाद ही आ जाये? पर क्या रात की रपट दिन में लिख पाना हो पायेगा?

काले, पीले, लाल, नीले शब्द। बहुत सुन्दर से वाक्यों में सजे-धजे। राग और ओज दोनों ही से दब-दब मोती की लड़ी में पिरोये। शब्दों की ही धरती, उन्हीं का आकाश। फिर ये बेचैनी क्यूँ। प्यास के मारे गला सूखा जा रहा है। शब्द ही गले के भीतर जा रहे हैं। गट गट गट गट। फिर लाल ख़ून के बदले चमड़े के अन्दर दौड़ रहे हैं क, ल, च, ह, ग, य, प, स...

पर छटपटाहट है कि ढूँढ़ रही है कुछ। कि रपट हो जाए जैसे-तैसे। समझ में नहीं आ रहा कि क्या है जो फिसल कर निकल जा रहा है, हर बार। बार-बार। परेशानी क्या है? शब्द तो शब्द ठहरे। कोई भी शब्द किसी भी रिक्त स्थान की पूर्ति करने में सक्षम घोषित किया जा चुका है। नियम है तो बस एक। अघोषित। अकथनीय।

किंग्सवे की फ़ुटपाथों पर सजे हैं बाज़ार। रंग-बिरंगे टँगें हैं शब्द, पॉलिश की हुई शानदार लकड़ी के हैंगरों पर। मानो अभी-अभी शब्द-तराश ने अपने साँचे से निकाला हो। ताज़ा। गर्म। नरम और मुलायम।

पास ही के टीबी अस्पताल के छत की मुँडेर पर बैठा उल्लू टकटकी लगाये चुन रहा है अपने लिए कुछ नरम गोश्त...शब्दों का।

सड़क पर पड़ा पैसा

आज सुबह सैर से लौटते हुए सड़क के किनारे जहाँ पक्की का कालापन ख़त्म होता है वहीं रेत मिट्टी पर दो सिक्के दिख गये। हम उस वक़्त पड़ोस के सोसाइटी के गेट के सामने थे। हठात् ही नज़र उस तरफ़ मुड़ गयी। शायद मन में भय रहा हो कि कहीं कोई सिक्के उठाते देख तो नहीं रहा। शायद इस उम्मीद से कि कोई नज़र आये तो पूछ कर उसकी सम्पत्ति वापस कर दूँ एवं एक नैतिक जिम्मेदारी का निर्वहन ही कर लूँ। पर वहाँ कोई न दिखा। मैंने भी तब तक स्वाभाविक रफ़्तार में सिक्के उठा लिए थे। अब सवाल था कि इनका क्या किया जाय?

मन स्वतः ही बचपन की ओर मुड़ गया। याद आया हमेशा इस आस में रहना कि क्या गज़ब हो कि सुबह स्कूल जाते हुए या फिर शाम खेल से लौटते वक़्त सड़क के किनारे पैसे मिल जायँ। सपने बुने जाते। नैतिकता पहरे लगाती। पेपर में यदा-कदा छपी रपटें ताकीद करवातीं कि फलाने रिक्शेवाले ने नोटों की गड्डी थाने में जमा करवा कर एक आदर्श उपस्थित किया। ख़ाली समय में दूर के रिश्तेदारों द्वारा पूछे सवाल याद आते—'अच्छा बताओ यदि तुम्हें रास्ते पर चलते हुए कभी नोटों से भरा बैग मिल जाय तो क्या करोगे? वे हमें तौलने के लिए यह सवाल पूछते। हम उन्हें अपने मूड के हिसाब से भटकाते। कभी नैतिक चरित्र का परिचय देते। तो कभी कन्ज्यूमर संस्कृति की विशालता से अवगत करवाते।

ख़ैर, हक़ीक़त में कभी ऐसा कोई बैग मिला नहीं आज तक। न ही कोई ख़ज़ाने का नक़्शा ही। पर नसीब अपनी इतनी भी गयी गुज़री कभी न रही कि फुटकर पैसे न मिले। दरअसल, हम चाहते भी यही थे। नोटों की गड्डी या बैग मिल भी जाये तो तमाम तरह की पेचीदगियाँ साथ आने के ख़तरे हुआ करते। इसलिए

आस रखते कि फुटकर सौ पचास के या दस पाँच के नोट ही मिलवाना। यह आस यथार्थ के अधिक क़रीब भी रहती और देश-काल की अपनी समझ के धरातल पर प्रोबेबिलिटी के जटिल कैलकुलेशन पर बनती। पर दस-पाँच के नोट भी नहीं मिले। सबसे अधिक दफ़े यदि अपने खाते कुछ आया तो पच्चीस पैसे के सिक्के। गोल-गोल, छोटे-छोटे। पंच पियाही और बीस पियाही, वही ताम वाला, भी हाथ आये। पर पचीस पियाही की बात ही निराली। इन बिरले क्षणों में अक्सर यही होता कि पैसा मिलने की ख़ुशी क्षण-भंगुर हुआ करती। अगले ही पल अहसास होता कि चवन्नी अपनी ही हाफ पैण्ट की दायीं जेब के छेद से सरकी हुई कोई अपराधी थी।

ख़ैर, वो तो बचपन था। आज जब किसी को आस-पास न देखा तो सोचा स्कूल जाते किसी बच्चे की जेब से सरक गया होगा। पर इन सोसायटी के बच्चे खुदड़े सिक्के भला क्यूँकर ले जायें? फिर लगा कि हो न हो यह ऑटो से सुबह-सुबह उतरे किसी मज़दूर या काम करने वाली के हाथों से फिसल गया हो। मन में कचोट हुई। दो सिक्के थे, एक दो का और एक एक का। सोचा पास ही किनारे पर रख दूँ, जिसका खो गया वह ख़ुद आकर ढूँढ़ लेगा। पर मन ने इसे युक्तिसंगत न माना। सोचा आगे किसी सेक्युरिटी गार्ड को दे दूँगा। ख़ुश हो जायेंगे। जब अपने सोसायटी के गेट पर आया तो संयोग या दुर्योग से वहाँ उस वक़्त कोई न मिला। कहीं टहलकर बतिया रहे होंगे। हैं तो वे भी इनसान ही, फिर कठिन और लम्बी ड्यूटी भी बजानी होती है। इधर-उधर ही होंगे। पर खोजकर महज़ तीन रुपये देना जँचा नहीं। सोचा आगे अपनी बिल्डिंग के टॉवर वाले वॉचमेन को दे देंगे। कुछ ऐसा योग कि वो भी नहीं मिला। तीन रुपये के साथ घर आ गया। लक्ष्मी का आशीर्वाद भला कहीं छूटता है। यदि हाथ से जाना ही लिखा होता तो लक्ष्मी भला इतने में मुझे ही खोजकर ये तीन रुपये क्यों पकड़ाती?

रेड

अच्छा ये बताओ कि क्या टीवी के पत्रकार होने का मतलब स्टूडियो में बैठकर चार लोगों को जमाकर डिबेट को मॉडरेट करना ही होता है? वह उदास थी। उसकी आवाज़ में गहरा ठहराव था और वह बहुत जतन से अपनी झुँझलाहट के ऊपर संयम का चादर लपेटने का असफल प्रयास कर रही थी। दरभंगा की हवा में अक्टूबर के सुबह की खुमार थी। वे दोनों ठेहुनिया महावीरजी के दर्शन कर अब नरगौना पैलेस के सामने के तालाब के किनारे खड़े थे। पीठ पीछे ऐतिहासिक भव्यता और भोर की छिटकती मीठी रौद संगेमरमर के अतीत पर पड़ती और शीत की बयार उसे उड़ा ले जाती। लम्बी पतली गरदन पर ऊपर से ढाई उँगली नीचे के तिल से नज़र हटाकर पास पड़ी लकड़ी के उखड़े प्लेटफॉर्म को देखते हुए उसने गहरी साँस ली। 'नहीं, ऐसी बात नहीं है, कभी-कभी हम फील्ड भी जाते हैं। पर स्टोरी दमदार होनी चाहिए।'

'हूँ'। गले में बहुत हल्की-सी हरकत हुई, शायद वहीं जहाँ तिल है। ज़ाहिर सी बात है वह सन्तुष्ट नहीं थी। 'अब देखो कल की ही बात लो। यही सीबीआई रेड वाली, दिल्ली के सीएम के दफ़्तर के ऊपर। पूरा दिन इस रेड का विमर्श आप, बीजेपी और सीबीआई के कॉर्डिनेट्स से तय होता रहा। और टीवी पर हर जगह इन्हीं तीन कोनों में झिझिर कोना, झिझिर कोना, कोन-कोना खेलते रहे हमारे पत्रकार। सामने तालाब में भाकुर माछ ने चाल दी। कम से कम तीन-चार किलो का तो होगा ही। नज़रें मुड़ीं। धूप का एक क़तरा मिठास उसी गरदन की तिल पर हल्के से कतरा कर निकल गया।

अ

आज अचानक तुम्हारा 'अ' लिखना मन में घर कर गया। और नींद से बोझल आँखों से रात जैसे उचक कर खिड़की के बाहर झाँक रही गुलमुहर की शाख पर बैठ गयी। अब मनाओ पहले तो उतरूँ मैं नीचे। वरना मैं तो खेलती रहूँगी उसी 'अ' की स्मृति से। अब भला मनाऊँ भी तो कैसे? यादें हैं। कोई जोतखी के पतरे से निकला हुआ दिन तो है नहीं कि अमुक अधपहरे* और फलाने शेष** देख कर आये। ये तो दबे पाँव कुछ ऐसे आती है कि जीने चढ़ भी जाय तो भी क्या मज़ाल कि हवा तक को भनक भी लगे। कुछ उसी कदर आयी उसके अ लिखने की याद। पर इससे मन बेचैन न होता। उलझन का कारण यह कि मुझे उसका 'अ' लिखना तो याद आया पर वह 'अ' भूल गया। दिमाग़ पर जितना ज़ोर डालता उतना ही कन्फ्यूज़ होता जाता। उसकी पतली साफ़ उँगलियाँ गोल मुड़तीं और जादुई 'अ' बनता। मैं चकित देखा करता।

हिन्दी डिक्टेशन में हमेशा पिछड़ा ही तो रहा। लेकिन ग़म किसे था। हमेशा सोचता वो भी तो रोशनाई वाली फाउण्टेन पेन से ही लिखा करती जनकपुर से आये विल्सन से। फिर मेरी उँगली स्याही से बदरंग और उसकी इतनी साफ़ क्योंकर? जवाब सोचते-सोचते उन रातों को कब नींद आ जाती पता ही नहीं चलता।

पर आज की रात? क्या जाने?

---

* अधपहरा (मैथिली) : काल-दोष; दिन का अशुभ मुहूर्त।

** शेष (मैथिली; उच्चारण शेख) : अशुभ मुहूर्त के सन्दर्भ में अधपहरा से बृहत्तर इकाई।

ट्रेन डायरी : 1

"इतना फुसफुसा के क्यों बोल रही हो?"

"सुनना तुमको है कि पूरे गाम को?"

"अच्छा अब सुनो... नहीं पहले बताओ कि दिख नहीं रहे थे, इधर कहीं गये थे क्या?"

"अरे! अब कोई कहीं अपनी मर्ज़ी से आ-जा भी नहीं सकता क्या? दरभंगा गये हुए थे। सुरेश के ममागाम में कल बियाह था न तो बरियाती के लिए जलयोग से रसगुल्ला और सोसाइटी के बगल से बरफ की सिल्ली लाना था तो परसु शाम को ही जाना पड़ा।"

"अच्छा-अच्छा। बता ही देते तो मन में शान्ति तो रहती। सामा खेलने आते-जाते आँख तुमको तो नहीं खोजती, बेहाल तो नहीं होती। ख़ैर, सुनो। कल सामा खेल के लौटते हुए मैं थोड़ा पछुआ जाऊँगी। भउजी को मना लिया है। बाक़ी वो सँभाल लेगी...तुम भैरव बाबू के घर के पीछे रहना। हम लोग उसी एक पीरिया से सामा* खेलने जाते हैं। पर कोई देखे नहीं।"

"लेकिन, मिलना किसलिए है? कोई प्रॉब्लम है क्या, कुछ काम? वह तो मेरे स्टडी का टाइम होता है।"

"अरे बुद्धू! ज़िन्दगी भर पढ़ते ही रहोगे कि कभी अकल भी आयेगी? जाकर पाही हाट से एक कनमा बुद्धि ख़रीद लो। जितना कहा उतना करना, हाँ।"

---

* सामा (—चकेवा) स्त्रियों द्वारा मनाया जाने वाला एक मैथिली लोक पर्व।

ट्रेन डायरी : किस

जैसे शीत की भोर में हवा सिहर कर, सघन हो, घना कुहासा बन जाया करती, कुछ-कुछ उसी तरह उसके अनुभवों की पाँती सिमट कर शब्दों में समाने लगी। पाँती ही क्यूँ? कई-कई पन्नों की रोशनाई सिकुड़ कर महज़ दो या तीन शब्द रह जाते। यह कहानियों के कविता बन जाने के दिन हुआ करते। यह सब लिखने में ही नहीं होता। पढ़ने का आलम भी बहुत कुछ लिखने की हक़ीक़त ही बयाँ करते नज़र आते। पूरे पन्ने भर अक्षरों में उसकी आँखें किसी गिद्ध की मानिन्द एक या डेढ़ शब्दों को चुन लेतीं। कभी-कभी तो पन्ने दर पन्ने पढ़ जाने के बाद हाथ में महज़ कौमा ही बचा कर रख पाता वह। एक दफ़े तो उसके हिस्से शब्द और पूर्ण विराम के बीच का अन्तराल ही आया।

ऐसी ही किसी दुपहरिया, मन भटककर अस्पताल के उखड़े प्लास्टर की पपड़ी पर नज़र टिकाये सामने असीम पीड़ा में शान्त लेटे शरीर से उठ, बहुत दूर पोखर के कछार की मोथी पर बैठे फतिंगे पर चला गया। मज्जर से लदा सिन्दुरिया आम का पेड़ जिसकी एक डाली लम्बी होकर पोखर के पानी के ऊपर कुछ दूर तक चली गयी है। वे दोनों उसी डाल पर बैठे हुए हैं। वह लगातार चपर-चपर बोले जा रहा है कि चुपचाप बैठी शशि ने अपने ठण्डे और मुलायम हाथों से उसके चेहरे को भींच उसके ओठों पर अपने होंठ रख दिये थे। उसने तभी जाना कि यह कमबख़्त पढ़ कर जानने की बात नहीं। बहुतेरी हक़ीक़त जानी नहीं जा सकती। महज़ अनुभव की जा सकती है। पीठ पर उग आये नाख़ून की इबारतों सा ही एक किस इतना सघन भी हो सकता है कि ज़िन्दगी उसके सहारे तो काटी ही जा सकती है।

चौखट से बाहर की भाषा

1

मेरे घाव से अब नये पीव भी नहीं आते।
मवाद के बदले रिस रिस कर बहराते हैं शब्द।
वह भी सन्तुलित, सुरुचिपूर्ण, सुन्दर और सोद्देश्य।
अब-तब में न तो अ का डण्डा टेढ़ा होता है और न ही ब का पेट बड़ा।
सीधी सी लकीर है साँस लेते जाने की।

2

भाषा कब धर्म का रूप ले लेती है पता ही नहीं चलता? कब इस धर्म को राज्य और राजनीति स्वरूपित करने लगती है, अहसास ही नहीं होता। कब धर्म और राजनीति की चादर ओढ़े भाषा प्रेम साम्प्रदायिक हो जाता है, भनक नहीं लगती। और हम भक्त बन जाते हैं वह भी पुराने वाले नहीं जो अपने ईश्वर को जीवन समर्पित कर दे। हम नये वाले भक्त में कायान्तरित हो चुके होते हैं जो अपनी भक्ति का प्रदर्शन राजकीय एवं राजनीतिक हित साधने के लिए करते हैं। यहाँ दो बातें हैं। एक, यह कि ज़रूरी नहीं कि हित साधने की मुहिम व्यक्तिगत स्वार्थ से संचालित हो। अधिक ख़तरनाक वह तब होती है जब हित साधने का जुनून समुदायगत भावना से किया जाता है, यहाँ समुदाय के प्रति भक्ति कब साम्प्रदायिक हो जाती है और कब हिंसा तथा दूसरे सम्प्रदाय के प्रति नफ़रत हमारे आचरण को निरूपित करने लग जाती इसका भान करना सम्भव नहीं।

दूसरी, जो इसी पहली बात से जुड़ी है वह यह कि सम्प्रदायवाद महज़ दूसरे अपने से इतर धर्म को मानने वालों के प्रति ही नफ़रत नहीं है। भाषायी सम्प्रदायवाद कुछ कम ख़तरनाक नहीं होता। यहाँ मेरा मतलब हिन्दी में उर्दू, फ़ारसी और अरबी भाषायी हिस्सेदारी की कमी और संस्कृत की बढ़ती दावेदारियों से नहीं है। वह तो एक बात है जिस पर विद्वानों ने बहुत कुछ लिखा है। मेरा यहाँ मतलब अपनी मातृभाषा को दूसरे से अच्छा प्रचारित करना है। घूम-घूम कर अपनी माँ को सबसे अच्छा कहना और यदि कोई दूसरा कुछ असहमति दिखाये तो उस पर टूट पड़ना। एक तो भाषा को माँ से जोड़ना, उसे धर्म की तरह पूजना यह सब कैसे हो जाता है कितना स्वाभाविक, प्राकृतिक है यह जुड़ाव और कितना ऐतिहासिक एवं सामाजिक संरचनाओं और प्रक्रियाओं से संचालित यह किसी जागरूक इनसान को सोचने की ज़रूरत है। मातृप्रेम अच्छी बात है पर, यदि यह साईको सिनेमा वाले ऑवसेशन का रूप ले ले तो आप हत्याएँ करने लगते हैं, हिंसक हो चुके होते है। आप भीड़ में तब्दील हो चुके होते हैं, या फिर भीड़ को संचालित करने के अरमानों को हवा दे रहे होते हैं। दरअसल, आप ऐसे रोग से ग्रस्त हो चुके होते हैं जिसमें आपको अपनी माँ हमेशा पीड़ित और सतायी हुई दिखायी देती है। साथ ही आपमें यह भावना कूट-कूटकर भर दी जाती है कि दुनिया में सबसे बड़ा पुण्य अपनी माँ का उद्धार करना ही है। जननी जन्मभूमिश्च स्वर्गादपि गरीयसि। भाषा तो पहले ही जननी का स्थान ले चुकी है। अब यदि जीवन में कुछ शेष है तो इसकी खोयी हुई गरिमा की पुनर्स्थापना।

जो भाषा पायदान में, राजकीय संरक्षण में सबसे शीर्ष पर होती है वह ठहर जाती है। सबसे अधिक विकास यदि किसी भाषा का होता है तो वह शीर्ष से नीचे बाली भाषाओं का। यदि भोजपुरी संसार की सबसे जीवित भाषा है आज तो वह इसलिए कि यह संस्कृत और उर्दू और हिन्दी नहीं बन गयी। मैथिली उच्च जातियों की भाषा के रूप में पहचाने जाने के कारण सामाजिक और भौगोलिक दोनों स्तरों पर सिमटती ही चली जा रही है। माइग्रेशन ने जहाँ भोजपुरी को वैश्विक धरातल दिया है वहीं मैथिली को झाजी और मिश्राजी की झोली में निपटा दिया है। पर, एक बात है। राजकीय संरक्षण की राजनीति ने भोजपुरी, मैथिली, अंगिका, बज्जिका, मगही सबमें एक-दूसरे के प्रति नफ़रत के बीज बो दिये। भाषा की भक्ति तो हमेशा रही पर यह भाषायी सम्प्रदायवाद उन्नीसवीं

सदी में पनपा। इसलिए जब विद्यापति 'देसिल बयना सबजन मिट्ठा' कहते हैं तो वहाँ राजनीति और साम्प्रदायिकता और दूसरे के प्रति नफ़रत का भाव नहीं मिलता। लेकिन, जब यही 'देसिल बयना' उक्ति बीसवीं सदी के मैथिली आन्दोलन में नारे के रूप में विचरने लगी तो राजनीतिक रूप अख्तियार कर चुकी थी।

एक प्रवासी परिवेश में चौखट से बाहर भाषा का दायरा क्या हो सकता है? सोशल नेटवर्किंग साइट्स, समुदायगत समारोह आदि स्वतः ही ध्यान में आते हैं। पर क्या यह सब किसी भाषा के जीवित रहने की, लम्बे समय तक उसके संवर्धन और विकास की ज़मीन मुहैया करा सकने में सक्षम हो सकेंगे? भोजपुरी का उदाहरण मानीखेज है जहाँ माइग्रेशन ने एक ज़मीन तैयार की। लेकिन इसमें माइग्रेशन का स्वरूप और इसका आकार एवं विस्तार दोनों मानीखेज है। ऐसा अंगिका, मगही, बज्जिका या मैथिली के साथ नहीं दिखता है।

समर्पण और संघर्ष के बीच में जब अपने को बाँध लेते हैं तो लगता है कि युद्ध के मैदान में हैं। एक मिशन मोड में। यह एक भाषा सैनिक के लिए उचित ही है। पर, हर किसी के लिए नहीं। भाषा जीवन के बहुआयामी फलक के साथ जुड़ी होती है। विकल्पों के खाँचे में भाषा और अपनी मानसिकता को क्यों बन्द करें?

कश्मीर की यात्रा

1

ये अपने में कितना दुखद है कि कश्मीर हमसे इतना दूर जा चुका है कि वहाँ की यात्रा की छोटी-छोटी यादें मुझे सुकून देती है। या फिर यह भी कह सकते हैं कि यात्रा कश्मीर की हो या कन्याकुमारी की, लम्बी या छोटी, धरती पर की गयी हो या मन की वीथियों में, यात्रा हमेशा से रोमांचकारी ही रही है। कश्मीर तो एक बहाना ही है। रोमांस करने का एक बेहद ख़ूबसूरत बहाना।

पठानकोट से जम्मू पहुँचने में अधिक रागय नहीं लगा। क़रीब सात बजे शाम तक हम जम्मू के भीड़ भरे स्टेशन पर थे। जैसा कि कश्मीर के पर्यटन विभाग वालों ने बताया था, प्लेटफॉर्म के बाहर स्टेशन के सामने ही टैक्सी स्टैण्ड पर एक टेबैरा कुछ पैसेंजर के इन्तज़ार में खड़ी थी। थोड़ी बातचीत के बाद हम मियाँ-बीवी और बेटे को उसने बीच की पूरी सीट दे दी। आगे क़रीब तीस साल का एक नौजवान था जो अंग्रेज़ी भी ठीक-ठाक बोल रहा था और जो सऊदी अरब से वापस अपने घर श्रीनगर लौट रहा था। पीछे तीस-पैंतीस के तीन जवान जैसे मर्द थे जो निःसन्देह बिहार के ही थे। सोचा तो था कि रास्ते में कभी ज़िक्र छेड़ूँगा पर फिर हो न सका।

जम्मू की सड़कें तंग और भीड़ भरी थीं, लेकिन जैसे ही हम शहर छोड़ हाईवे पर आये, सड़कें ख़ूब चौड़ी और हिमाचल की तुलना में बहुत अच्छी स्थिति में थीं। कुछ दूर तक तो ये बहुत स्तरीय थीं, वैष्णो देवी की तरफ़ वाली मोड़ तक तो ज़रूर। हम ख़ुशक़िस्मत थे कि सवारी वाली टेबैरा जल्द मिल गयी वरना रात

भर जम्मू स्टेशन पर इन्तज़ार भी करना पड़ सकता था। किसी ने कहा भी था कि रात में टैक्सी नहीं चला करती। पर यह सब अब क्यों सोचें। हवा अच्छी चल रही थी। अक्षर और मुझे जल्द ही नींद आ गयी। प्रीति जाग रही थी। मैं कभी-कभी जाग जाया करता। एक बार जगने पर देखा कि गाड़ी सड़क के किनारे खड़ी थी और ड्राइवर समेत हर कोई सोया पड़ा था। उससे पहले किसी लाइन होटल के बगल में भी गाड़ी को खड़ा कर ड्राइवर बग़ल की मस्जिद में आधी रात की नमाज़ पढ़ने चला गया तो आधे घण्टे बाद आया। हमें भी कोई जल्दी तो थी नहीं। इसी लुका-छिपी में सुबह जब नींद खुली तो सड़क के दोनों तरफ़ क्षितिज पर बर्फ़ ढके पहाड़ साथ-साथ रेंग रहे थे और सड़क के दोनों किनारों पर सेना के जवान क़तारबद्ध चल रहे थे। दूर की धुन्ध और क़दमताल की गर्मी के साथ हम घाटी में पहुँच चुके थे।

2

कश्मीर देखने की ख़्वाहिश हिन्दुस्तान के मध्यवर्गीय मानस में उन दिनों कुछ वैसे ही आबाद हुआ करती, जैसे महानगरीय उच्चवर्गीय घरों में महिलाएँ पिछली गर्मियों में स्विट्ज़रलैण्ड ना जा पाने के बहानों से अपनी ज्वलनशील सखियों और पड़ोसिनों की ग़प्पबाजियों की दुपहरिया में ठण्डक लाने का असफल प्रयास करतीं। या फिर उन घरों के बच्चे एल्विस की धुनों और बीटल्स के लिरिक्स पर महारत हासिल करने का सपना देखा करते। अस्सी के दशक के उन शुरुआती सालों में कश्मीर अपनी मासूमियत के साथ जन्नत हुआ करता। मुझे याद है कि उसके बहुत बाद, मध्य अस्सी में भी, सुकुमार ककाजी ने एक दफ़े बहुत उदासी के साथ कहा था, क्या पता आगे आने वाले वर्षों में कश्मीर जा भी पायेंगे कि नहीं, क्या पता वहाँ के लिए भी वीसा पासपोर्ट की ज़रूरत शुरू हो जाय?

शुक्र है कि यह नौबत तो नहीं आयी। लेकिन, जल्द ही कश्मीर की वादियों और डल लेक की मासूमियत, वहाँ की बर्फ़ीली चोटियों और चिनार की ठण्डक, इस मध्यवर्गीय सपनों से रुख़सत कर चली। उस जगह की भरपाई नब्बे के दशक में कश्मीरी पण्डितों के विस्थापन, बर्फ़ की सफ़ेद धरती पर आतंकियों और भारतीय सैनिकों के बूटों के निशानों और सिनेमा स्क्रीन एवं अख़बार के पन्नों पर जलते

तिरंगे करने लगे। हमारी जन्नत तो ख़ौफ़जदा हुई ही, चिनार के पत्ते भी हमारे सपनों से जुदा हो गये।

ये ख़ौफ़ कुछ यूँ चस्पाँ हुए कि पच्चीस-तीस साल बाद भी जब सन् दो हज़ार पन्द्रह की गर्मियों में गाम का टिकट न मिलने से विक्षुब्ध मन पहाड़ तलाश रहे थे तो हिमाचल और मनाली के रास्ते लद्दाख ही ले जा रहे थे। फेसबुक पर भी सिवाय दो सुझावों के कश्मीर नदारद ही रहा। और हम लोग पश्चिम एक्सप्रेस से चण्डीगढ़ पहुँचे। हम लोगों ने आगे की योजना के बारे में तब तक बहुत दिमाग़ नहीं खपाया था। मन में रोहतांग पास पर बर्फ़ में चलने की अदम्य लालसा तो थी, लद्दाख तक हो आने का सपना भी था, लेकिन आशंका भरपूर थी कि रास्ता नहीं खुला होगा और लद्दाख का सपना सपना ही रह जायेगा। ट्रेन की सवारी से पहले जब यह सब सोच रहा था, तो टीवी पर एक दिन एक छोटा-सा समाचार यह भी आया कि लद्दाख में किसी झील से पानी रिसना शुरू हो गया था और बाढ़ का ख़तरा बन चला था। सत्यानाश! दो साल पहले भी बद्रीनाथ, केदारनाथ, गंगोत्री और यमनोत्री के यात्रा की इतनी प्लानिंग की थी और जो तबाही आयी उसको याद कर ही देह सिहर उठती है।

ख़ैर चण्डीगढ़ तो पहुँच चुका था और घूमने के लिए समय की कोई सीमा हमने तय नहीं की थी। लम्बी छुट्टी के लिए अपना मन भी था और बेटे का स्कूल भी अगले अठारह-बीस दिनों के लिए गर्मी-छुट्टी की नींद सो रहा था।

अगला दिन ट्रेन की थकान दूर करने में और शाम में सुकना लेक पर बीता। चण्डीगढ़ की हरियाली देखते ही बनती। सड़क के दोनों तरफ़ के कैंपस युक्त घरों में आम और लीची के पेड़ और उन पर लगे फलों को देखते हुए आधुनिक शहर की योजना के तमाम दुराग्रहों के बाद भी मन बाग-बाग हो रहा था। प्रीति ने कभी ढाबे पर खाना नहीं खाया था, तो हम लोगों ने ढाबे पर रस्सी वाली चारपाई पर खाने के साथ अपने दिन को विदा दी। अगला दिन रविवार था और हमने कसौली जाना तय किया।

3

चण्डीगढ़ में अच्छी-ख़ासी उमस और गर्मी थी। लेकिन सोलन के बाद से ही जब

रास्ते पहाड़ के इर्द-गिर्द सर्पीले और घुमावदार होने लगे तो मौसम भी ख़ुशगवार होने लगा। सोलन से होकर इन पहाड़ों पर आने का यह हमारा दूसरा मौक़ा था। पिछली दफा हम शिमला जाने के लिए इसी रास्ते पर आये हुए थे, यहीं से हिमाचल में प्रवेश उस बार भी हुआ था और इस बार भी। सड़क के किनारे कुछ ही आगे अचारों की दुकान से टेलीविज़न पर उनके ऊपर देखे शो की याद आ गयी। एक विद्वान ने प्रोस्थेटिक स्मृति की बात कही है, ऐसी याद जो हम मीडिया के कारण भोगते हैं। ख़ैर, सोलन से कुछ और बेहतर और रंगीन याद आये तो वहाँ मीडिया को कठघरे में खड़ा तो नहीं न किया जा सकता। सोलन से आगे बढ़ते हुए और शिमला मनाली के रास्ते को भी छोड़ हमारी टैक्सी कसौली की ओर मुड़ चुकी थी। रास्ते के दोनों तरफ़ हॉलीडेज होम्स, रिसॉर्ट और होटल्स। लेकिन कसौली पहुँचने में समय लगा। अभी तो गाड़ी को कई मोड़ों से मुड़ना था। अभी तो हमें रास्ते का, दूर धुन्ध से उठती धुनों को सुनते जाना था। कसौली चण्डीगढ़ से दूर नहीं, लेकिन पहाड़ी इलाक़े में जल्द ही आपको यह अहसास हो जायेगा कि अंकगणितीय दूरी जो निरपेक्ष होने के मिथक से आपको जकड़े होती है, वह कुछ और नहीं बल्कि मैदानी भूगोल की बनावट होती है। मोड़ दर मोड़, धुन्ध की धुनों को सुनने के बाद ही क़िलोमीटर वाले पत्थर आते हैं। पहाड़ और समुद्र दोनों ही के क़िलोमीटर अलग हुआ करते हैं। समुद्र में तो फ़र्क़ करने के लिए नोटिकल माइल्स होता भी है। पहाड़ों पर महज़ उसकी धुनें हुआ करती हैं, आपका साथ निभाने के लिए।

कसौली पहुँचने पर बारिश ने स्वागत किया। कसौली, एक छोटा-सा कैंटोनमेण्ट शहर। दरअसल, शहर कहना उसके साथ अन्याय होगा। यह छावनी अंग्रेज़ों ने पहाड़ों पर निगरानी रखने के लिए बसायी। अपने मोबाइल पर पिछली रात सोने से पहले एक दफ़े विकीपीडिया उलट लिया था। चर्च, पुरानी इमारतें, एयर फोर्स स्टेशन और एक शान्त रूमानियत भरे माहौल की आशा थी। लेकिन इस आस की उम्मीद रखने वाले महज़ हम ही तो न थे। सैलानियों के गाड़ियों की कमी न थी। फिर भी अच्छा लग रहा था। कसौली दरअसल दो-तीन रात रहकर गुज़ारने की जगह है। भागमभाग में जाकर आ जाने की नहीं। आप वहाँ जायें, ठहरें, सुबह की सैर पर टहलते हुए दूर निकल जायें और मंकी पॉइण्ट से नीचे के पहाड़ों का विस्तार देखें। चर्च में सुकून से कुछ पल बिताइये। हम लोग जगह देखने आये थे।

पहाड़ घूमने और कसौली में इतिहास की, बीते समय की ख़ुश्बू भी तो है ही। उतरते हुए पहाड़ पर सूखी घास और पत्तों में दूर कहीं आग ने अपना बसेरा पसारना शुरू कर दिया। कुछ देर की बारिश से इसकी रफ़्तार बहुत धीमी पड़ चुकी थी। लेकिन धुन को धुएँ में तब्दील होते देखना... एक पतली लकीर-सी एक पहाड़ से दूसरे... क्या यह फैल जायेगी? आग क्या वैसे ही लील जायेगी, जैसा कहानियों और समाचारों में होता है? या फिर, प्रकृति के अपने तरीक़े हुआ करते हैं? एक सैलानी के जेहन में महज़ सवाल उभरते हैं। पहाड़ की आग भी मोहक लगती है। वह कहाँ रुककर अपने जवाब का इन्तज़ार कर पाता है।

गाड़ी उतरती जा रही है। भूख भी तो लग रही है। बीच में कहीं रुक कर खाना खाना है। हिमाचल से बाहर आते बारिश भी थम-सी गयी। अभी तो अँधेरा होने में बहुत वक़्त है। हम लोग पिंजौर गार्डन का रुख़ कर लेते हैं। ख़ूबसूरती से बनाया बाग़। पहाड़ी ऊँचाई-निचाई का उपयोग करते हुए ऊपर से नीचे तक खुलते हुए लम्बी पट्टी की तरह मानो आप किसी बहुमंज़िली राहदरी में प्रवेश कर रहे हों। पहाड़ी लैण्डस्केप पर कोई आघात न हो। बीच में एक झरना जो आपके साथ ऊपर से नीचे आपके हमसफ़र की तरह हो। एक सुकून देता हमसफ़र।

अगली मंज़िल अमृतसर का स्वर्ण मन्दिर। गया तो मैं भी कभी नहीं था, लेकिन विशेष आग्रह प्रीति का ही था। पिछली दफ़ा उसने दिल्ली में गुरुद्वारा शीशगंज में पहली बार किसी गुरुद्वारे में कुछ पल बिताये थे। स्वर्ण मन्दिर की ललक बनी हुई थी बहुत अरसे से।

4

यदि पत्नी के ह्रस्व इ और दीर्घ ई में नहीं उलझे तो क्या ख़ाक़ प्यार किया! व्याकरण के रास्ते गये तो मात खाना तय।

बहरहाल, सुबह अमृतसर की यात्रा तय थी। बस का टिकट रेडबस डॉट कॉम से ले लिया था और मेरु एप डाउनलोड कर सुबह की टैक्सी भी बुक कर ली गयी थी। लेकिन टैक्सी ने धोखा दे दिया। और तमाम परेशानियों और

सम्भावनाओं के बाद सूरज ने अपने परिचित और भरोसे वाली टैक्सी को बुलाया। हम लोग समय से बस में बैठ गये। बस बहुत बढ़िया थी और हम सब पंजाब के बीच से अमृतसर जा रहे थे। स्वर्ण मन्दिर देखने की तमन्ना मेरी पत्नी की बहुत दिनों से थी। इससे पहले वो बस एक ही दफ़े दिल्ली के गुरुद्वारा शीशगंज गयी थी। कभी लंगर नहीं खाया था। लंगर मैंने भी एक ही बार बहुत साल पहले हॉस्टल से फूलों की घाटी जाते वक़्त गोविन्दघाट में गुरुद्वारे में खाया था जहाँ हम लोग रात में रुके थे। हम कितना कम रूबरू हुए हैं अपने ही सगों से। गुरुद्वारा, मस्जिद और गिरजे तो मैं कई बार जा चुका, लेकिन आज तक नमाज़ कभी अदा नहीं की। क्यों नहीं की, कोई जवाब नहीं। सेक्युलर विरासत के तहत हमने स्कूल के डेस्क शेयर किए। क्लास रूम के बाहर सेवैयाँ खायीं। दूर से दर्द महसूसे। लेकिन कहाँ कभी ज़िन्दगी जी एक-दूसरे से फेर बदल कर। तुम मैं बन जाते, मैं तुम हो जाते।

अमृतसर, स्वर्ण मन्दिर, भव्य विशाल। याद आता है सन् चौरासी में दरभंगा में कर्फ़्यू लगा था। वे चन्द घर थे। फिर पिताजी हम सबको साथ ले कुछ घर गये थे। शायद यह बात रही हो कि यदि हम अपने परिवार और बच्चों के साथ आप के यहाँ आये हैं, तो आप भी भरोसे से हमारे परिवार में आकर रह सकते हैं। इसका कितना असर रहा होगा पता नहीं, लेकिन कर्फ़्यू तीन-चार दिनों के बाद ख़त्म हुआ उस शहर में। बहुत बाद जब विभाजन का इतिहास पढ़ने लगा और जब ख़ुद लम्बे साक्षात्कार लेने लगा तो अहसास जगा कि कितनी दफ़े उजड़ना पड़ा इस नीड़ को। बसते-बसते बसता है एक अल्पसंख्यक घरौंदा, अपने ही आँगन में।

स्वर्ण मन्दिर, लंगर, बाहर निकल कर जलियाँवाला बाग़, इतिहास की भयानक स्मृति। लौटते हुए व्यास की भरी नहरों का जाल और उसमें बहता नीला साफ़ पानी। समृद्धि। सड़क के किनारे दीवारों पर विश्वविद्यालयों के विज्ञापन कुछ वैसे ही जैसे एयरटेल और एसीसी सीमेंट के हों। ड्रग के ख़िलाफ़ और युवाओं के प्रति केन्द्रित बस के डीवीडी पर चल रही घटिया-सी फ़िल्म और एक लम्बे दिन की ऊर्जा के साथ हम लोग शाम तक वापस चण्डीगढ़ आ चुके थे। अब मनाली का सफ़र आगे था।

5

मनाली की भीड़ और अद्वितीय जाम के अनुभव और सोलन घाटी की सुन्दरता के बाद हमने मैक्लॉडगंज जाना तय किया। लद्दाख जाने का रास्ता अभी नहीं खुला था और रोहतांग पास को लेकर हाल के सरकारी अध्यादेश से मनाली में ख़ासा रोष था। ख़ासकर ऑटो वाले, टैक्सी वाले, होटल के वेटरों और दुकानदारों के बीच। ग्रीन ट्रिब्यूनल को सन्तुष्ट करने के लिए, रोहतांग के गिरते पर्यावरण को बचाने के लिए सरकार से जवाब माँगा गया था और सरकार ने प्रतिदिन रोहतांग जाने वाली गाड़ियों की संख्या नियत कर दी। पर्यटन की ज़रूरत गाड़ियों की नियत संख्या से चार गुणा। परमिट के लिए लम्बी क़तार, ब्लैक मार्केटिंग और महँगाई के बावजूद जिस क़िस्म की जद्दोजहद और इन्तज़ार की दरकार थी, वह हम जैसे पर्यटकों को गवारा न था और इसका सीधा असर वहाँ के लोगों की रोज़ी-रोटी पर भी पड़ रहा था।

तो हमने मैक्लॉडगंज तय किया। कुछ पहले से जानता था, कुछ चण्डीगढ़ में सूरज ने ज़ोर देकर इसकी तारीफ़ की थी। मोबाइल पर विकी में पढ़ा, कुछ पहले के पर्यटकों के रिव्यू और सलाहजनित टिप्पणियाँ एवं लेख पढ़े, रेड बस की साइट पर हिमाचल रोडवेज की बस में टिकट बुक किया और सात बजे तीनों प्राणी बस में सवार हो गये। ग़नीमत थी कि दिमाग़ ने समय पर साथ दिया था और टिकट एडवांस में ही बुक कर लिए थे।

6

सुबह-सबेरे हमलोग खजियार से पठानकोट के लिए निकल पड़े थे। वहाँ से डलहौजी के बीच के पहाड़ों पर जहाँ-तहाँ फूल बिखरे थे : सफ़ेद, पीले और परपल छोटे-छोटे फूल घास जैसे लम्बे और पतले धागे-सी तने पर कुछ ऐसे कि पहाड़ की ढलानों पर किसी ने रंगीन चादर ओढ़ा दी हो। ये रंग और ये पहाड़ अपने में समा लेने का जैसे न्योता दे रहे हों। कई दफे हमने गाड़ी रुकवाकर, उतरकर इनको नज़दीक से निहारा। दूर के बर्फ़ से ढकी पर्वत चोटियों पर सुबह की पड़ती धूप की किरणों से अपनी आँखों को ठण्डा किया। एक जगह तो पहाड़ पर ऊपर एक

मन्दिर तक जाने की सीढ़ियाँ बनी हुई थीं, घने फूलों की क़तार के बीच से ऊपर की ओर जाती हुई। मैंने अपने आपको अपनी पत्नी के साथ युगल फ़ोटो लेने के लिए खुद को इतना व्यग्र कभी नहीं महसूसा।

डलहौजी से कुछ पहले हम लोग फिर रुके, एक झरने के पास। अक्षर एडवेंचर स्पोर्ट्स में लग गया, रस्सी से पहाड़ी नाले के ऊपर इस छोर से उस छोर तक जाने वाले चार या पाँच खेल। डलहौजी तक आते-आते दस बज गये थे। रास्ते पर भीड़ और जाम रह-रहकर हमें परेशान करने लगे थे। दोपहर में पठानकोट से जम्मू के लिए ट्रेन भी पकड़नी थी। गर्मी ने भी अपना असर दिखाना शुरू कर दिया था। पठानकोट में बीते दो एक दिनों से स्थिति तनावपूर्ण थी। इसलिए भी स्टेशन जल्द पहुँचना चाहते थे। सिख प्रदर्शनकारियों की मौत की ख़बर भी कहीं जेहन में थी। जम्मू की हालत भी ठीक नहीं थी। रास्ते में मोबाइल का सिग्नल भी पूरा साथ नहीं दे रहा था। कुंदन जो जम्मू में रह रहे थे उनसे भी बात नहीं हो पा रही थी। एसएमएस पर सन्देश भेजा तो था, पर पहाड़ों पर के नेटवर्क का भरोसा नहीं था। जब भी नेटवर्क की लकीरें मोबाइल स्क्रीन पर दिखतीं ताज़े न्यूज़ की तलाश करता वेब पर। संयोग से पठानकोट से जम्मू का टिकट हमने मैक्लोडगंज में ही बुक कर लिया था, जहाँ सिग्नल अच्छा था। जम्मू से श्रीनगर जाने के सम्बन्ध में आश्वस्त नहीं था। रात में खझियार से भी नेट पर सर्च कर जानकारी इकट्ठा की थी। श्रीनगर के पर्यटन विभाग के दफ़्तर से बात की थी और उन्होंने विश्वास दिलाया था कि जम्मू स्टेशन के बाहर ही से श्रीनगर के लिए किराये की कार और साझे की टैक्सी दोनों ही मिल जाती है। पन्द्रह बरस पहले जम्मू में फील्ड वर्क के लिए बिताये तीन दिनों के अनुभव ने भी कुछ भरोसा दिया था और फिर जम्मू में कुंदन भी रह रहे थे। राजनीति की जो थोड़ी बहुत समझ अब तक बनी है ज़िन्दगी में, उसने कहा कि जम्मू और पठानकोट में स्टेशन हर हालात में सुरक्षित ही होंगे। साथ ही इस बात का भी भरोसा था कि यदि पठानकोट और श्रीनगर में प्रदर्शन हो रहे हैं तो घाटी पर इसका प्रभाव नहीं पड़ा होगा। इसलिए भी स्टेशन पहुँच जाना चाह रहे थे जिससे पठानकोट शहर के किसी डिस्टर्बेंस से बचे रहें। कश्मीर के नाम पर पेट में तितलियाँ जो उड़ रही थीं।

7

पठानकोट स्टेशन हम लोग समय से बहुत पहले ही पहुँच गये। बाहर गर्मी अपने पूरे उन्माद पर थी। भूख और थकान भी ख़ासी ही थी। पठानकोट स्टेशन भले ही पहली बार पहुँचे थे, पर कुछ जगहें ऐसी होती हैं जिनसे आप परिचित नहीं होते हुए भी अपनापा-सा महसूसते हैं। पठानकोट कुछ ऐसा ही नाम है। जैसे किसी ज़माने के रेडियो के श्रोताओं के लिए झुमरी तिलैया। उसी तरह का अपनापा, लेट हुए ट्रेन का प्लेटफॉर्म पर इन्तज़ार करते रेल यात्रियों के लिए बड़े-बड़े काले टीन के बक्से हुआ करते। इन बक्सों पर कभी चॉक से कभी उजले पेंट से अमूमन ही पठानकोट लिखा मिल जाया करता। मन में भाव उभरता, सुदूर उत्तर पश्चिम का अन्तिम स्टेशन जहाँ हमारे सीमा के प्रहरी अपने घरों से दूर, अपने परिवारों से जुदा देशसेवा के लिए ट्रेन से उतरते होंगे। जहाँ उन्हें अपनी प्रेमिका के ख़तों का इन्तज़ार रहता होगा। यह इसलिए भी कि पठानकोट जाने वाली टीन के बहुतेरे बक्से रेल डाक के भी हुआ करते।

ख़ैर दोपहर के अलसाये से इस स्टेशन के बदहाल प्रतीक्षालय में जमने के बाद हमने रेल के कैण्टीन का रुख़ किया। वहाँ संयोग से पूरी और आलू की सूखी सब्ज़ी मिल गयी। ठण्डी ही सही पर पूरी-सब्ज़ी रेल यात्राओं की मेरी पुरानी और मनपसन्द हमसफ़र रही है। पेट में इन्हें जगह देने के बाद, ताज़ा ख़बर जानने, आगे की यात्रा के सरंज़ाम करने की सोच हुई। संयोग से मोबाइल पर नेट का सिग्नल अच्छा आ रहा था। न्यूज़ के लिए सर्च किया और अनुमान की पुष्टि ही हुई। श्रीनगर और कश्मीर की घाटी में किसी तरह की अशान्ति की कोई ख़बर नहीं मिली। अब श्रीनगर में रहने के ऑप्शन सर्च करने लगा। मुख्य ध्यान टैरिफ और रिव्यू पर था। क्लियर ट्रिप जिसने खज्ज़ियार में भी रिसोर्ट ढूँढ़ने में मदद की थी और निराश नहीं किया था, एक बार फिर सहायक हुआ। शेल्टर ग्रुप ऑफ़ हाउसबोट्स अपने बजट में भी लगा और रिव्यू भी भरोसे के लगे। हमने आनन-फानन बुक कर लिया, हाँ फर्स्ट टाइम बुकिंग के डिस्काउण्ट वाला कूपन कोड काम नहीं किया, थोड़ी निराशा हुई लेकिन वह भी क्षणभंगुर। आख़िर कश्मीर जा रहे थे। हाउसबोट पर रहने की बात पर प्रीति कुनमुनाई भी। तो क्या ट्रेन जैसा ही नाव भी हिलता-डोलता रहेगा, अब घूमते-घूमते बहुत थक चुके

हैं। शरीर को आराम की भी बहुत ज़रूरत है। अपनी नहीं तो बेटे की तो सोचो आदि-आदि तर्क वाज़िब ही थे। मेरा कहना था कि यदि श्रीनगर में हाउसबोट पर नहीं ठहरे तो फिर कश्मीर यात्रा अधूरी...

8

बर्फ़ से ढके पहाड़ देखने की चाहत की चरम परिणति। कल दोपहर गुलमर्ग से ऊपर क़रीब 4390 मीटर पर अपरवथ की चोटी (Aparwath) तक पहुँचा। स्नो फॉल ने स्वागत भी किया और घबराहट भी। लोगों ने मुबारकबाद दी, कहा हम लोग क़िस्मत वाले थे, वरना इस मौसम में बर्फ़ देखना किसे नसीब होता है। गुलमर्ग के पीर पंजाल की उस चोटी से फिर उतरना ही उतरना हो रहा है, अभी समन्दर के किनारे मुम्बई में आधी रात के रेल का इन्तज़ार कर रहा हूँ। लिखने को बहुत कुछ है और बहुतेरे फ़ोटो भी, पर धीरे-धीरे, टुकड़ों में ही...

9

कश्मीर की प्राकृतिक सुन्दरता पर मुग्ध होते जाना एक बात है और उसका बखान करना बिल्कुल ही अलग, वह भी वर्तमान परिस्थितियों में। लिखते हुए एक कसक सी होती है। कलम रुक रुक से जाते हैं। क्या एक सैलानी को महज़ सुन्दरता का ही अहसास होता है? वहाँ की त्रासदी का क्या? उस सुन्दरता के पीछे के उस दर्द का क्या? क्या यात्रा वर्णन में उस दर्द की कोई जगह न हो? जब किसी का घर जल रहा हो, जब हर तरफ़ त्रासदी ही त्रासदी हो, तो ऐसे में हमारा उस घर के नक़्क़ाशी का बखान करना कितना नैतिक रह जाता है? जब घर में आग लगी हो, एक ही नहीं कई-कई पीढ़ियाँ उन आग में झुलस गयी हों, महिलाएँ बेवा हो गयी हों, विरह और वेदना के नये शब्द ईजाद हो रहे हों (जैसे 'हाफ विडोज'), तब ऐसे में एक सैलानी बनकर वहाँ आनन्द लेने जाना कितना उचित है? कुछ कहते हैं कि पर्यटन एक समाधान है। हाउस बोट वाले, टैक्सी वाले, ऑटो ड्राइवर सभी बेहद मीठे स्वभाव के। आतिथ्य की नयी ऊँचाइयों को छूते। मानो ऐसा लगे कि आप उनके ग्राहक नहीं एक ऐसे मेहमान हों जिनका वे

अरसे से बाट जोह रहे हों। वे मीडिया से परेशान मिले और हुकूमतों से चिढ़े। सब राजनीति है, यह जुमला अमूनन ही सुनने को मिल जाता था। वे कहते कि कश्मीर एक बड़ा राज्य है। इसके किसी कोने में कोई घटना होती है, मीडिया वाले उसे बढ़ा-चढ़ा कर पेश करते हैं और पर्यटक अपना आरक्षण रद्द करने लग जाते हैं। इनकी मानें तो पर्यटन एक समाधान है। लेकिन मुझे नहीं पता। मेरा यकीन करें। मैं इतिहास की पेचीदगी और तर्कों के जाल में उलझ कर रह जाता हूँ। मैं बर्फ़ देखने और पहाड़ों की सुन्दरता देखने उत्तर पूर्व भी तो जा सकता था। या फिर, नेपाल। लेकिन मैंने कश्मीर ही जाना क्यों तय किया? क्या यह सब इसलिए हो पाया कि यात्रा पहले से तयशुदा नहीं थी। लेकिन, यात्राएँ तो कभी भी पूर्व-निर्धारित नहीं हुआ करती हैं। फिर, मैं जगह बदलकर दूसरी तरफ से सोचने लग जाता है। कश्मीर ही क्यों नहीं? जैसे कोई दूसरा स्थान, उसी तरह कश्मीर भी। क्या कश्मीर का पर्यटन तब तक मुल्तबी रखा जाय जब तलक वहाँ की फिज़ाओं में केसर की शुद्धता फिर से न फैल जाय? तब तक जब बर्फ़ पर से बूटों के निशान मिट न जायें। हवाओं से ज़हर ख़त्म न हो जाय। मुझे नहीं पता।

लेकिन मैं इस बीच कश्मीर घूम आया। झेलम, चिनार, शिकारा, डल झील, सोनमर्ग, गुलमर्ग, श्रीनकर के अनेक बाग़, सफ़ेद चादर ओढ़े पहाड़ और वहाँ के निश्छल लोग अब मेरे लिए महज़ शब्द ही नहीं रह गये। यह सब और इनके साथ अन्य बहुत कुछ भी मेरे अनुभूति का, मेरे होने का अंग बन चुके हैं।

मैं इस यात्रा-वृत्तान्त को पूर्ण विराम देने के लिए आगा शाहिद अली की किताब के पृष्ठों को उलटता हूँ। 'द कण्ट्री विद आउट पोस्ट ऑफ़िस'। इस हसरत से कि वहाँ से कुछ हर्फ़ चुरा सकूँ जो मेरे लिए पूर्ण विराम का काम कर सकें। लेकिन उन कविताओं से जैसे ही एक हर्फ़ को दूसरे से अलग करता हूँ, मैं फँस जाता हूँ। मेरा यात्रा-वृत्तान्त एक पूर्ण विराम की खोज में अधूरा ही रह जाता है।

पिता की सार्थकता

एक पिता की सार्थकता इसमें होती है कि उसे उसकी सन्तान की पहचान मिले। पिता अपनी उँगली पकड़ाकर अपनी सन्तान को चलना सिखाता है, दुनिया की रीत से परिचय करवाता है। वह चाहता है कि उसके जूते में उसकी बड़ी हो रही सन्तान के पाँव ठीक नाप से आ जायें और वह सन्तुष्ट हो जाता है। पर दरअसल वही पिता हमेशा अपने मन के कोने में यह आस पालता है कि उसकी सन्तान उस थामी उँगली से अपने को छुड़ाकर, पक्की सड़क और समय के बनाये चॉक के घेरे को लाँघकर, उस साफ़ आसमान के नीचे, छाँव की ठण्डक महसूसे कि, उसके पाँव बड़े हो जायँ और नये नाप का जूता बनवाना पड़े, ऐसे नाप का जो बाज़ार में भी न मिलता हो... और जब वह सन्तान इन सभी मापदण्डों पर खरी उतर रही होती है, तो पिता दूर से चुपचाप बिना पलकें झुकाये निहारता रहता है... बहुत दूर से, बहुत चुपचाप से।

समय उसके ओठ बनते हैं और रेत पर हसरतें दूर से कहती हैं :

लीके लीक गाड़ी चले लीके चले कपूत
तीन लीक पर न चले सूरमा, सन्त, सपूत।

पिता पक्की पर चलने की सलाह देकर चैन की साँस लेता है। जब पुत्र पहले कच्ची पर उतरता है, अपनी राह खुद बनाता है। फिर लोग उसे नये पथ निर्माता का पिता कहते हैं।

शिक्षक दिवस

कहते हैं कि किसी ज़माने में कोई रामानन्द भी हुए। अब तो हम शिक्षक दिवस मनाते हैं। भला कहाँ याद रह पाता है? द्रोणाचार्य की युद्ध कला की शिक्षा और अर्जुन जैसे शिष्य के आगे कौन याद रखता है कि रामानन्द भी किसी के गुरु हुए। बहरहाल, आज वो याद आ गये।

मेरे कई गुरु हुए। कई गुरु घण्टाल भी हुए। पर किसी से प्रीत नहीं लगी। खुसरो और निजाम वाली बात न हुई। कोई प्रिय गुरु न बन पाया। इसीलिए मैं कभी प्रिय शिष्य भी नहीं बना। उस्ताद-जमूरे की जोड़ी नहीं बनी। और जब ऐसा होता है तो आप भटकते रहते हैं, दर-बदर। 'बिन गुरु ज्ञान कहाँ...।'

कई दफ़े सोचा। शायद हर पाँच सितम्बर को अपने आप को खँगाला। हर बार ख़ाली पाया। एक-एक कर चेहरे सामने आते रहे। पर सिनेमा की रील की तरह चेहरे चलते चले गये। किसी तस्वीर का रंग मन को रँगा न पाया।

दोष देने के लिए हर बार बचा रह जाता है, यही अपना कोरा मन। कई बार यह भी सान्त्वना दे डालता हूँ कि यह कुछ हमारी (और शायद हम जैसों की कोई जमात भी हो कहीं) पीढ़ी और उस समय की अभिशप्ति भी हो सकती है, जहाँ हम तर्क और विज्ञान की भाषा के नशे में मदमस्त रहे और जो गुरु मटेरियल लगे उन्हीं से सवाल जवाब शुरू कर दिया। जहाँ भक्ति दिखानी थी, वहाँ प्रगतिशीलता नामक साँप से दंशित मन ने नतमस्तक होने से इनकार कर दिया। मन ने कहा कि अमाँ यार छोड़ो भी। गुरु के मामले में जल्दबाज़ी ठीक नहीं। जब मिलने का होगा, तो मिल जायेंगी या मिल जायेंगे, कहीं किसी मोड़ पर...

जब लोग-बाग नौकरी पाने के लिए गुरु बनाने में लगे थे तब भी मन नहीं माना। लगा कि यदि महज़ इसी कारण चापलूसी करनी पड़े तो यह तो तथाकथित गुरु से लम्पटगीरी होगी। फिर अपना मन भी नहीं मानेगा कि एक अदना नौकरी के लिए बेवजह किसी की जी हुजूरी करनी पड़े ज़िन्दगी में। इसी का उलट नतीजा यह भी हुआ कि दिल्ली विश्वविद्यालय के किसी गुरु ने मुझमें भी गुरु मटेरियल नहीं देखा, एडहॉक और गेस्ट तौर पर भी नहीं। भई जो गुरु नहीं बना सकता, यदि वो शिक्षक बन जाय तो सदियों से चली आ रही परम्परा का क्या होगा? ख़ैर अब भी प्रयास जारी है। एक अदद गुरु की तलाश है। जो मुझमें गुरु मटेरियल देखे और मुझे अपना शिष्य बना लें। अगली पाँच सितम्बर को फेसबुक पर उनके महिमामण्डन में कोई कसर नहीं रखी जायेगी। यह एक भावी शिष्य का वचन है। तब तक जिन मित्रों ने अभी तक शिक्षक की नौकरी नहीं हासिल की है उनसे आग्रह है कि फेसबुक पर उपयुक्त गुरु की तलाश कर कसीदाकारी जारी रखें। सेफ खेलने वाले राधाकृष्णन या हाल के दिवंगत कलाम आदि के बारे में लिख सकते हैं। पर शाम को फ़ोन पर गुरुजी का आशीर्वाद लेना मत भूल जायें। यह हमेशा याद रखें कि नौकरी का इण्टरव्यू भले ही आप देने जाते हैं नौकरी दरअसल आपके सुपरवायजर को ही मिलती है। रामानन्द को भूलिए, द्रोण को ढूँढ़ना शुरू कर दें।

हवा की फुसफुसाहट

1

महज़ रात ही तो है इक चादर, जो बची रह गयी मेरे देह पर...

2

बायें कान के ठीक ऊपर, क़रीब एक कँगुरिया उँगरी छोड़ कर सन्तों की नवकनिया ने अपने बालों में एक अधखुली अपराजिता खोंस ली।

...'धत पगली कहीं की! ई फूल कहीं केस में कोई खोंसे है?' पिलखुआर वाली अपनी जईधी पर झिरकते हुए बोली।

'ऊ का है कि राधे के पप्पा को ईहे फूल वाली छापी की साड़ी बहुते पसिन है। त हमनी सोची कि एगो कली केस में खोंस लें। आप कहती हैं तो हम हटा लेते हैं।'

3

मैं ढूँढ़ता फिरा हूँ उसे हर कहानियों में, दोहे-चौपाइयों, सिनेमा और शोर में। जो चला गया कब लौट पाया? रह गया कुछ तो ठहरा हुआ कंकाल समय का। नदी कब ले जाओगी बहाकर तुम अस्थियाँ, उस ठूँठ ठहरे समय के स्पर्श की? कब? ज़रा फुसफुसा भर दो हवा के कानों में चुपचाप।

4

'देखो मनस्वी, चलो थोड़ी देर के लिए मान भी लें कि किस करना ख़राब है। वैसे मैं यह मानती नहीं। पर, फिर भी। ख़ैर तो किस ग़लत है, बुरी बात है ब्ला ब्ला! पर, इससे क्या वो तुम्हें किस नहीं करेगा? वो तो करेगा ही न, जब उसका मन करेगा। और तुम! तुम ना नुकुर की खेल खेलती रहना उमर भर। आधी ज़िन्दगी यह सोचते हुए गुज़ार दो कि पता नहीं कब किस कर ले। और आधी कि किस ग़लत है।

'देखो, जब किस का होना तय है तो ज़िन्दगी इन्तज़ार में क्यों काटी जाय? इससे पहले कि सोचती रहो कि आज शाम वो मुझे किस करेगा, तुम उसे किस कर लो। जब मर्ज़ी तब। जब नहीं मर्ज़ी तब साफ़ नहीं। बात ख़त्म।'

मनस्वी सोचती रही कि बात यदि इतनी आसान होती तो ज़िन्दगी वह ही नहीं रहती, कुछ और ही होती। ख़ैर, बात तो यह भी ठीक ही कहती हैं। पर, भला किस के बारे में भी इतना क्या सोचना?

'...क्या तुम भी न दी! क्यों पोल्युट कर रही हो बेचारी के इनोसेण्ट माइण्ड को?' शेफालिका ने खीझ भरे लहजे में कहा। 'किस क्या ऐंवे ही है कि जब उसको चाहेगा इसे किस कर लेगा?'

5

सबसे पहले तुम, शशि।

इसलिए नहीं कि...

इसलिए भी नहीं कि...

और, इसलिए तो नहीं ही कि...

कम परते जायेंगे तैंतीस ऐसे इसलिए। फिर भी मैंने ज़िद पकड़ ली है। तुमसे ही तो सीखा है मैंने ज़िद करना।

सबसे पहले तुम, शशि। इसलिए कि शेखर शशि नहीं है। शेखर शशि सा भी नहीं हैं। तो शुरुआत इस नकारात्मकता से क्यूँकर आख़िर? पर, ऐसा करने वाला भला मैं पहला भी तो नहीं। शेखर शशि सा नहीं, यह मायने नहीं रखता। दो व्यक्तित्व क्यों कर समान हों? लेकिन, शेखर शशि सा होने की कभी इच्छा भी नहीं रखता। शेखर के बनने में शशि को मिट जाना था। इस मिट जाने से शेखर का पुरुष बन पाया। इसमें शशि ने अपने को न्योछावर कर दिया। कतरा कतरा, तिल तिल। शेखर में पुरुष वह सब खोज लेता है जिसकी अभिलाषा उसे होती है। शेखर में शशि ने भी सबकुछ तो पा ही लिया। पर, शेखर तुम नारी नहीं बन पाये। तुम रह गये निरा पुरुष ही।

शेखर, तुम स्त्री तो नहीं ही हो सके। शशि सा होने का यत्न तो कर ही सकते थे। पर, नहीं। तब तक हमने महात्मा को अतीत में धकेलने का जिम्मा जो उठा रक्खा था। तुम, शेखर नेहरू-सा बन जाना चाहते थे। कमला, शशि। शशि/कमला बीमारी में चल बसी।

तुम तो शेखर मुसलमान भी नहीं हुए। तुम हरिजन और दलित भी नहीं हो पाये। तुमने रोमांस और दुख दोनों का अर्जन किया। विरासत में न तो तुम्हें दुख मिला, न ही अपमान। जब तुम अपने लम्बे और बेढ़ब हाथ को छुपाने का जतन कर रहे थे, उस समय भी तुम्हारी स्मृतियाँ निजु ही तो रहीं। कब तुमने भोगा वह जिसपर तुम्हारा कोई बस नहीं हो? कब तुम्हें मिला तिरस्कार और उपेक्षा थाती में? औपनिवेशिक तिरस्कार की स्मृति, अपराधी करार दे दिये जाने ने जब तुम्हें दुख और दुख से दृष्टि दी—विजन, तब क्या तुमने सोचा मुसलमान के बारे में, दलित के बारे में? और, स्त्री होने की क्या अभिलाषा की कभी तुमने?

तुम एक वैश्विक नर होना चाहते थे। बन्धनमुक्त, अपनी निजता में परिपूर्ण। स्वतन्त्र। पूर्ण। अंग्रेज़ी कविताओं और संस्कृत से ऊर्जा लेते हुए। उपमहाद्वीप के दक्षिण में बचपन से लेकर, गंगा पर बहते हुए स्मृतियों के साथ, पश्चिम से पूरब को लाँघते हुए। बोगनबेलिया की डाँठ को खोंसते हुए कभी कुसुम और चम्पा की याद तुम्हें नहीं आयी? क्योंकर, शेखर?

इतिहास और साहित्य और प्रांजल भाषा और नक़्शे वाले भूगोल के चौखटे से ज़रा बाहर तो निकलते। ज़रा-सा करते लोक का पसारा, शेखर।

गंगा देवी

वे गर्मियों के दिन थे, दिल्ली की तपती दुपहरी। फिर दिल्ली की सूखी सर्दी भी आयी। बिहार में वो भी उत्तर की तरफ़ जहाँ उसका गाँव था, न नैहर न सासूर, न तो ऐसी दोपहरी हुआ करती और न ही ऐसी ठिठुरती रातें। पर थकान नहीं होती, शरीर तो ऐसे भी जर्जर हो ही गया था। जब तक काम में मन लगा रहता, रोग बिसराया रहता? रंग दीवार पर उतरते जाते, दर्द तक्खे पर टँगा तो नहीं रहता पर उनके ऊपर स्मृति की परतें तैरने लगतीं। कोहबर लिखना कब शुरू किया याद कहाँ रहता? कई बार अख़बार वाले रिपोर्टरों ने पूछा होगा यह सवाल। उनके लिए तो बाद में उत्तर भी याद हो गया। लेकिन इन दुपहरियों में मन इन कहे गये—पूछे गये सवाल-जवाब से बहुत नीचे पानी में उतर जाया करता। चिनवार नीपते हुए अपना चेहरा याद आ जाता, सिनेमा के पर्दे पर जैसे कोई खेल चल रहा हो। गौरी पूजा करते हुए, नील-प्योरी का सरंज़ाम करते हुए, कुसुम और पिठार घोरते हुए।

काग़ज़ लिखने का तो तब नाम निशान भी न था। कोई कुछ भी कहे धन भाग काग़ज़ आया। काग़ज़ नहीं आया होता तो क्या निकल कर दिल्ली आये होते, दुनिया देख पाते? ये जो इलाज चल रहा है हो पाता? कहते हैं सब कि कीमो के बाद सब ठीक हो जायेगा, पर मैं जानती हूँ अपने देह को। जब जाना है तब कौन पिंजरा रोक पायेगा इसे। हाँ, जैन बाबू का ये दीवार पूरा हो जाये बस। बाँस पुरैन, कोहबर*... एक बार बहुत मन है कि सड़क पार कर भगवती को

* कोहबर (मैथिली) : नववधू के संस्कार और आराम करने की जगह; मिथिला पेंटिंग का एक अहम प्रकार और तत्त्व।

प्रणाम कर आऊँ। लेकिन चला नहीं जाता। बैठे-बैठे दीवार पर लिखना जैसे-तैसे हो जाता है। जैन बाबू कहते हैं कि यह बहुत बड़ा काम है। इससे आगे बहुत नाम होगा। हमेशा के लिए रह जायेगा निशानी का समान। कभी कुछ भी समय के आगे ठहर पाया, जो ये दीवार रह पायेगी? यह भी वैसे ही ढह जायेगी, जैसे उस हथिया में उतरबरिया ओसारा ढह गया था।

पोस्ट स्क्रिप्ट : तब कहाँ किसी को कल्पना भी थी कि गंगा देवी की लिखी हुई कोहबर ढहेगी नहीं, ढहा दी जायेगी। किसी सरकार के बदलने से, किसी अफ़सर बाबू के हुकुम से, किसी मन्त्री और आर्किटेक्ट के ड्राइंग बोर्ड पर कोहबर की गुंज़ाइश नहीं रह पायेगी।

मीत और मितवा का अन्तर

दोस्ती और प्यार के फ़र्क़ को जितनी कशिश के साथ रेणु ने 'तीसरी क़सम' में उकेरा, उतनी ही बेबाकी से राज कपूर ने सिनेमा के पर्दे पर मटियामेट कर दिया। मीत से बिछुड़ने की पीड़ा सिनेमा क्या कभी समझ पाया? मीत और मितवा का अन्तर अंचल से देश बनते-बनते मिट ही तो जाता है। सिनेमाई स्मृति की भी क्या खूब ही विसात होती है! 'तीसरी क़सम' की बात हो, 'दुनिया बनाने वाले' गीत की तान हो तो मन भटककर 'नदिया के पार' चला जाता है। अस्सी के दशक में बड़ी होती पीढ़ी जो ठहरी मेरी। उलट भी उतना ही सही।

बैलगाड़ी गीत! सचिन और साधना की यह जोड़ी ('नदिया के पार') और यह मीठा-सा गीत ('कौन दिशा में ले के चला रे बटोहिया') मुझे हमेशा 'तीसरी क़सम' के महुआ घटवारिन वाले गीत की याद दिलाता है। ये बात और है कि राजकपूर-वहीदा रहमान कुछ उम्र दराज लगते हैं जबकि सचिन-साधना अपने जैसे। जब हम रोड मूवीज़ की बात करते हैं तो 'तीसरी क़सम' का ज़िक्र क्यूँ नहीं आता, जब दोस्ती की बात निकलती है तो 'तीसरी क़सम' की बात नहीं होती। मीत और मितवा दोनों खो गये। रह गया तो बस सतह। 'एक लड़का और एक लड़की कभी दोस्त नहीं हो सकते', ('मैंने प्यार किया') ...क्यों नहीं हो सकते, भैया? फ्रायड बाबा ने कह दिया बस इसीलिए क्या?

इतिहास की मनोवृत्ति

उसके नाम के पहले ही हिस्से में तीन बिन्दी आती हैं। पहले दो नुक्ता और फिर एक अनुस्वार। अब कैसे किसी को प्यार न हो!

वो पूरे क्लास भर अपने नाम की इन्हीं तीन बिन्दियों से उलझी रहती। यह कोई आज की ही बात हो, यह भी नहीं। इतिहास की कक्षा उसे कभी नहीं सुहाती। तथ्य, घटना, राजा और उनके युद्ध। या फिर शासन, आधिपत्य और प्रतिरोध। क्या हमारे अतीत का निचोड़ यही है?

'तो तुम्हें राजनीतिक इतिहास से चिढ़ है। पर, और भी बहुत कुछ है। आर्थिक इतिहास और सामाजिक संरचना तथा प्रक्रियाओं को देखो, वही असल जगह है अपने ऐतिहासिक उत्स को समझने का।' वह भरपूर जतन करता।

'लेकिन कुल मिलाकर तो वही नफ़रत, हिंसा, आधिपत्य और संघर्ष?'

चेहरे को नोटबुक की तरफ़ झुकाकर, बालों को समेटते हुए वह अपने नाम की तीन बिन्दियों में खो जाती। जल्द ही दोनों नुक्तों और उस इकलौते अनुस्वार के इर्द-गिर्द पत्तियों, बेल-बूटों और पक्षियों की पूरी दुनिया बस जाती। इतिहास में भला मन लगे भी तो क्यूँकर?

> "नैनो की ज़बान पे भरोसा नहीं आता
> लिखत, पढ़त न रशीद न खाता।
> सारी बात हवाई रे।"

कैसे लिखे कोई इतिहास इस नैनन की? इतिहास तो ठहरा लिखत-पढ़त में क़ैद, रसीद, खाते बही की चौखट के भीतर दस्तावेज़ों की दुनिया में इस नैन को कहाँ

ढूँढ़े कोई। यहाँ तो सारा मामला ही हवाई है। यह भी नहीं कि भरोसे से ही बात करे शुरू कोई। यहाँ तो जवान का भी कोई भरोसा नहीं है। हाँ, इस सब में एक ही सन्देश है। वह यह कि जब नैनन की बात हो तो इतिहास की फ़िक्र ही क्योंकर करें? तवारीख़ खुद तय करे कि वह नैनन की बात कैसे करे? भला नैनन को क्या पड़ी है? वैसे ही क्या कम झमेले ले रखे हैं, इस मुई ने?

हम सबमें इतिहास की मनोवृत्ति होती है। यह बहुत मायनों में इतिहास चेतना से जुड़ा होता है। लेकिन, पर, मेरे ख़याल से दोनों में कुछ मूल अन्तर भी होते हैं। लेकिन, उस तरफ़ जाना अभी भटकाव होगा। तो फिर कभी। हाँ तो, इस इतिहास की मनोवृत्ति के साथ एक दूसरा जो तत्त्व होता है वह है इतिहास की सतर्कता। यह सतर्कता इतिहास निर्माण की पद्धति की ओर ले जाती है। यही सतर्कता इतिहासकार जतन से ओढ़ता-बिछाता है। यही सतर्कता ऐतिहासिक ज्ञान के मूल्य-बोध, उसकी मीमांसात्मक मानवता की पहरेदारी भी करता है। तो जहाँ एक तरफ़ इतिहास की मनोवृत्ति हमें एक घटना की दूसरी पहले घटी हुई घटना से स्वतः तुलना करवाने पर आमादा होती है वहीं इतिहास की सतर्कता घटनाओं की तुलना तो करती है पर उन्हें एक-दूसरे के बरअक्स न तो तौलती है और न ही उनसे सीधे और सहूलियत भरे निर्णय सुनाने का आग्रह ही करती है। यही इतिहास की मानसिकता है जो आज की हिंसा के समय हमें गोधरा में हुई हिंसा की याद दिलाती है। गोधरा के बारे में बात करते समय सन् चौरासी के सिख दंगे की याद दिलाती है। बाबरी मस्जिद के ढाहे जाने पर बाबर द्वारा किये गये विध्वंस को सामने लाती है। इसका कोई अन्त नहीं। हम किसी लूप की तरह एक सन्दर्भ से दूसरे में घूमते रहते हैं। एक हिंसा से दूसरी तक। फिर ज़मीन बदल कर तीसरे से चौथे तक। यदि कुछ अटल रहता है तो हिंसा और एक के बदले दूसरे वाला तर्क। आप कह सकते हैं कि यही तो इतिहास का, समय का न्याय है। लेकिन क्या न्याय हमेशा प्रति-बदले की भावना पर टिका हो? एक आँख के बदले दूसरी।

इतिहास की सतर्कता हमें इस तर्क की भयावहता से आगाह करने की जद्दोजहद करती है। पर इतिहास की मानसिकता को आत्म की तुष्टि से मतलब है। वह बात करेगी साम्प्रदायिक शत्रुओं की, वर्ग शत्रुओं की। वह कहेगी कि बग़ैर हिंसा के समाज में बदलाव नहीं आता। यह हिंसा मूल में है। यही हिंसा इतिहास और

अतीत के बीच फ़र्क़ कराती है। अतीत में विस्मरण है। पर इतिहास में अन्यता है, एक्सक्लूजन है। यहाँ विस्मरण नहीं। इसलिए यह अभिशप्त है हम सबको डसने के लिए। हम सब अभिशप्त हैं सन्दर्भों को याद रखने के लिए, ज्ञान के नाम पर घटनाओं की टीस को जीवित रखने के लिए। सन्दर्भों और इतिहास की गिरफ़्त से कम से कम हिंसा तो हमें मुक्ति नहीं ही दे सकती है, पुलिस की लाठी वाली हिंसा तो कतई नहीं।

दरभंगा और उन्नीस सौ अस्सी का दशक

1

सिलबरिया लोहिया में कड़ु तेल और पंच फोरना के बाद कुम्हरौरी देते ही चारों तरफ़ सुगन्ध फैलती चली गयी। ठीक वही, वैसी ही तो। और, स्मृतियाँ आठों हाथों से उसे अपने आगोश में हसोथने लगी।

2

यह तब की बात है, जब एस.सी. वेदी के शाल लपेटे फ़ोटो वाले असली मनोज बॉल पाकेट बुक्स की नकली मम्मी से मुलाकात होना बाक़ी था। अभी तक मैंने न तो मैन्ड्रेक की मंगेतर नराडा को बिकिनी में जनाडु के स्विमिंग पूल के पास सन-बाथ लेते ही देखा था, न ही किलावी के सुनहरे तट पर बेताल को नवविवाहित डायना को और न ही अपने भारतीय बहादुर की मंगेतर बेला से ही मुलाकात हो पायी थी। इन्द्रजाल कॉमिक्स की फन्तासी दुनिया में तब तक औपचारिक दाख़िला नहीं मिला था। हाँ, टाइम्स ऑफ़ इण्डिया (दिल्ली संस्करण) जो एक दिन देरी से दरभंगा में हमारे घर आया करता था उसमें ली फॉक और साई वेरी रचित कॉमिक्स की धारावाहिक स्ट्रिप ज़रूर रहा करती थी और मैं शायद उसे देख भी लेता होऊँ।

3

ये उन दिनों की बात है जब लोग पहले से बताकर, एपॉइण्टमेण्ट फिक्स कर किसी के घर घूमने नहीं जाया करते थे। मन किया और निकल पड़े। रास्ते में किसी और परिचित किसी रिश्तेदार का घर आ गया तो कुछ देर वहीं अटक गये, चाय पी ली, या चूरा का भूजा खा लिया, चिनिया बदाम फ्राय करके डाला हुआ और पापड़ को छानकर बुकनी करके मिलाया हुआ चूराभूजा, उन दिनों की बात जब मेरे दादा ज़िन्दा ही थे। घर में कुछ कप-प्लेट, कुछ थाली गिलास ख़ास-ख़ास मेहमानों के लिए रखा होता। हिन्दू और मुसलमान, जातियों के बीच परस्पर भी, स्त्री-पुरुष आदि सबके प्रति दैनिक व्यवहार के स्तर पर भेद किया जाता था, तयशुदा भेदभाव। लेकिन मन से लोग साफ़ थे, मज़हब और जाति और लिंग से वैमनस्य नहीं था। अभी तक मैंने दरभंगा शहर में कर्फ़्यू नहीं देखा था। अभी इन्दिरा गाँधी की हत्या नहीं हुई थी जब मैंने पहली दफ़ा जाना कि कर्फ़्यू मतलब घर से बाहर निकलने पर सीधे गोली मार दी जायेगी।

4

लेकिन यह उस याद से पहले की बात है। बहरहाल, क़िस्से का मुख्य ख़जाना उन दिनों हमारी बड़की पिसिया हुआ करतीं। जब दरभंगा आतीं तब भी और जब गाम में हम लोग देर शाम तक उत्तरवरिया या पुबरिया घर में उनके ठिकाने में पुआल के मोटे बिछौने पर धँसे रहते। ऐसा नहीं कि जब भी वे अपने ससुराल से नैहर आतीं यहीं उनका ठिकाना होता, लेकिन मुझसे इन्हीं पुबरिया और उत्तरवरिया घर में उनकी कहानियों की यादें जुड़ी हैं या फिर दरभंगा में अँगना के किनारे बरामदे पर गर्मी की शाम में सुने गये उनके क़िस्से।

तीन क़िस्सों की स्मृति छोड़ गयी बड़की पिसिया... तीनों ही रात की कहानियाँ, ठेठ रतजगे की दास्तान। पहली, पुराने वफ़ादार पहरेदार सुनरा की बहादुरी और जीवटता की, जो हमारे परिवार की थाती के रूप में कुछ उसी तरह दोहराती जाती रही जिस तरह हमारे बाबा की मुफ़लिसी, कर्मठता और उनका कलकत्ता में ड्राइवरी के अन्तिम इम्तेहान में अंग्रेज़ अफ़सर के हिज्जे के कारण डिक्टेशन

में फेल हो जाना। मुझे डिक्टेशन के इस भय से निकलने में बहुत साल लग गये। ख़ैर, सुनरा की कहानी फिर कभी।

दूसरी कहानी सन् 1942 की क्रान्ति की, जब पिसिया को और घर की अन्य महिलाओं को रातों-रात उनके मातृक नवटोल भेज दिया गया था और जब मेरे चचेरे बाबा ने पटरियाँ और तार उखाड़े थे जिन्हें घर के भीतर वाले पोखर में छुपाया गया था। इस कहानी को भी अभी इन्तज़ार करना होगा। अभी तो तीसरी कहानी का समय है। यह कोसी की कहानी थी।

मधेपुर से दक्षिण बाँकी नामक गाँव के ज़मींदार हुआ करते थे। ठाठ-बाट के साथ अपनी दरियादिली के लिए भी पूरे परोपट्टा में उनके जैसा कोई दूसरा नहीं। मेरे बाबा को भी बहुत इज़्ज़त देते, सम्बन्धी तो नज़दीकी थे ही। जब उनका लाव लश्कर चलता, शिकार के लिए हाथी पर हौदा कसता, तो बहुत से लोग साथ हुआ करते। हफ़्ता-दर-हफ़्ता शिकार की टोह लेते सफ़र चलता रहता। जब भी बाघ की ख़बर कहीं किसी गाँव से आती, शिकार शुरू हो जाता। वह कोसी के पश्चिम का सटा इलाक़ा है। अनेको छोटे-मोटे धार। बाँकी से सटे इलाक़ों में पहले ख़ूब जंगल हुआ करता। शिकार का दस्ता कभी हाथी पर तो कभी नाव पर। कोसी का चौड़ा पाट। इस ओर से उस ओर कोई सीमा नहीं। सिमरिया की गंगा से भी विशाल और विकराल। बरसात में तो इस विस्तार का और भी कोई अन्त नहीं। ऐसी ही एक बरखा की रात। मूसलाधार। हथिया को भी पछाड़ दे, ऐसा नक्षत्र। कई दिनों का थका-हारा दल। ऊपर से अमावस की रात। कोसी भी उफान पर। उनकी नाव धीरे-धीरे चली जा रही थी। बहुत किनारे भी नहीं किया जा सकता था, ख़बर पक्की थी, एक नरभक्षी बाघ इलाक़े में घूम रहा था। निरीह लोगों की रक्षा, सबल का धर्म। उसी की तलाश में दल हैरान परेशान। बेहाल। कोसी। बरखा और अमावस की रात। नाव धीरे-धीरे आगे बढ़ रही थी। सतर्कता के साथ। सवार चौकस थे। तभी दूर से आवाज़ आना शुरू हुई। कोई बड़ी-सी नाव ख़ूब वेग से नज़दीक आती जा रही थी। शिकार पार्टी ने अपनी नाव कछैर में लगा ली। बाघ के ख़तरे से यह अनजाना ख़तरा बड़ा था। डाकू ही होंगे। दोनाली, राइफ़ल पर हाथ मज़बूत हो गये। यह स्वाभाविक ही था कि दोनों तरफ़ से फायरिंग होगी। लेकिन सबको सख़्त हिदायत मिल गयी। कोई शोर नहीं करेगा, इधर से पहली फायर नहीं होगी। कोसी में बड़े-बड़े डाकुओं के

जत्थे तो मशहूर थे। बिना दुश्मन की थाह लिए उलझना बेवकूफ़ी। सभी नाव में झुक कर लेट गये। आवाज़ तेजी से नज़दीक आती जा रही थी। हैया रे हैया, हैया रे हैया, हैया रे हैया। नाव पर दोनों तरफ़ बारह-बारह पतवार तेज़ी से चल रहे थे। कौन जाने कितने थे?

हम सुनने वाले साँस रोके हुए। डाकुओं से भरी नाव की कल्पना मात्र से सिहरन दौड़ रही थी। घनघोर अँधेरी रात, मूसलाधार बरखा और ऊपर से लगातार नज़दीक आती जा रही हैया रे हैया, हैया... नाव रुकी नहीं एक लग्गा दूर से चलती चली गयी। सबने साँस रोक कर उस अँधेरे में देखा कि दूसरी नाव पर जितने सवार उतनी लालटेन। लेकिन इतनी हवा-बरसात में ये लालटेनें कैसे जल रही थीं? फिर सबने साँस रोके ही देखा, किसी सवार का सिर नहीं था। मुड़ी कटा हुआ। बिना सर के ख़ाली धड़ों से आवाज़ निकल रही थी : हैया रे हैया, हैया रे हैया!

बहुत साल गुज़र गये। बड़की पिसिया नहीं रहीं, छोटकी पिसिया भी नहीं रहीं। उत्तरवरिया घर भी नहीं रहा। कोसी से अब भी आवाज़ आती है :

> "भैंसा सनक मनुसवा गे बहिना
> बज्जर रानक गाँत
> मोछ रानू बहिन गा, सन सन आबै है
> आब तू आये कोसी का हमरो डुबाबै
> आनब हम अस्सी मन कुदाड़ी
> बेड़ासी मन बेंट
> आगु आगु धसना धसाँऐ..."

डोसा और दरभंगा

कुछ दिन हुए विद्यानन्द जी ने दरभंगा से अपने पुराने दिनों के घर में बने डोसा को याद किया था। मुझसे आप बहुत बड़े हैं, उम्र के लिहाज़ से, विद्वत्ता में, विनम्रता में, अनुभव में और दुनिया देखने के मामले में भी। हम दोनों अलग-अलग समय में दरभंगा में बड़े हुए। हम दोनों ही बहुत बाद में, भिन्न परिस्थितियों में, पहले-पहल इसी फेसबुक पर जुड़े। फिर संयोग से, एक दिन के लिए ही सही, मिलना भी हुआ।

जैसे डोसे का ज़िक्र उन्होंने किया उसी तरह का डोसा हमारे घर भी बना करता था। रोटी बनाने वाले छोटे से तवे पर। तवा बीच में थोड़ा गहरा। मैथिल बैद्यनाथधाम जाते तो महादेव के दर्शन के बाद मैथिल महिलाएँ अक्सर बरस भर से जमा पैसे साड़ी की खूँट से निकाल जिन ख़रीदों पर ख़र्च किया करतीं उनमें ऐसे तवों का अहम स्थान हुआ करता, उन दिनों।

ये मैं सन् अस्सी के दशक के शुरुआत या मध्य की बात कर रहा हूँ जब हमारे मैथिल घरों में बहुत उत्साह भरे ख़ास मौक़े पर साल में अधिक से अधिक पाँच-सात दफ़े ऐसा ही डोसा बनता। और हमारी ख़ुशी का ठिकाना नहीं रहता। अपने स्वाद, रूप और रंग में नितान्त भिन्नता के साथ भी मैथिल घरों में बनने वाला यह डोसा अपनी लोकप्रियता की तस्दीक तो करता ही था। ग़ौरतलब हो कि यह तब की बात है जब छोले-भटूरे नामक जीव का इस शहर में प्रादुर्भाव नहीं हुआ था, मैगी और चाऊमीन की तो ख़ैर जाने ही दीजिए।

दरभंगा में डोसा का स्टेटस सिंघारा (समोसा) से बहुत ऊँचा था। सुबह में पूरी-सब्ज़ी और जलेबी तथा शाम को सिंघारा और रसगुल्ला स्टैण्डर्ड जलखई माना

जाता। दुकान वाला पनपिआई* । टॉवर पर सरस्वती मिष्ठान भण्डार, रामचौक पर जलयोग जैसी दुकान प्रसिद्ध हुआ करती, सिंघारा रसगुल्ला के लिए। पर इनमें ड़ोसा नहीं मिला करता। डोसा के लिए टॉवर पर संगम रेस्टोरेण्ट या राजस्थान रेस्टोरेण्ट का ही आसरा था। राजस्थान सबसे उच्च स्तरीय। वहाँ की ख़ासियत दही कचौरी हुआ करती। और यदि आप आला दरजे के शौक़ीन हों, तो फिर वहाँ का फ्रूटचाट। सच पूछें तो मैंने बस नाम सुना है इसका, कभी फ्रूटचाट खाया नहीं। यह निहायत ही मध्यवर्गीय बचपन की पहुँच से इतर का शगल हुआ करता, अपने मूल्य और स्वाद की आभिजात्यता में।

ख़ैर, डोसा पर ही लौटते हैं। यह आभिजात्य भी था, पर मध्यवर्गीय स्वाद का हिस्सा भी। एक सुदूर प्रान्त की महक लिए हुए। दरभंगा में विविधता की पहचान। और इस स्वाद का यदि कोई राजदूत हुआ करता उन दिनों, तो वह था एक ठेला। सप्ताह में नियम से दो दिन हमारे घर के सामने से गुज़रा करता, यह ठेला। दोपहर जब ढल रही होती और शाम होने की तैयारी ही हो रही होती। तभी का वक़्त उसने मेरे घर के सामने से गुज़रने का तय कर रखा था। ठेले पर बहुत से पतीले। सभी ढके हुए। कुछ स्टील के, कुछ अल्युमिनियम के। साफ़ चकचक। एक बड़ा स्टोव अपने ऊपर बहुत बड़े आयताकार सपाट तवे को धारण किए हुए। इडली और डोसा। बड़ा भी रहा होगा, पर मुझे याद नहीं है उसकी। ठेला हर सप्ताह दो बार आया करता, पर हम लोग दो-तीन महीने में एक बार डोसे का लुत्फ़ उठाया करते। ज़ाहिर-सी बात है कि दरभंगा में डोसे के ग्राहकों का एक बड़ा तबका तो था, जो उस डोसेवाले ठेले को सँभाले हुए, एक उत्तर भारतीय शहर में, दक्षिण के करी पत्ते और साँभर की ख़ुश्बू को कायम रखे हुए था।

जब कुछ बड़े हुए, जब सबसे छोटी बहन शादी के बाद ससुराल से आयी, तो सपाट तवा भी ख़रीदा गया, घर के डोसे की गुणवत्ता में क्रान्तिकारी परिवर्तन हुआ। जब पन्द्रह साल बाद मेरे भाई की शादी हुई तो भौजी के हाथ के बने डोसे किसी दुकान से बने हुए की सफल प्रतिद्वन्द्विता कर रहे थे।

मेरी पत्नी बहुत उम्दा डोसा बनाती है। मैं और मेरा बेटा सप्ताह भर इडली,

---

* पनपिआई (मैथिली) : नाश्ता, जलखई।

डोसा, साँभर पर ख़ुशी-ख़ुशी रह सकते हैं। पर, आज भी उस डोसेवाले की याद नहीं छूटती। जब भी डोसा खाता हूँ उसके ठेले की, घर के सामने पहुँचने पर ठेले को थोड़ा धीमा कर, बर्तन पर बहुत हल्के से छोलनी के डण्डे से उसका अपने आने का इत्तिला देना और उसका डोसा बनाये जाने की हर छोटी-छोटी हरकतों को हम बच्चों द्वारा कौतूहल नज़रों से देखना। स्मृति कुछ इतनी लज़ीज़, कि कमबख़्त ख़त्म करने के लिए ढंग का वाक्य ही नहीं सूझता। तो स्मृति की अपनी अपूर्णता के साथ ही...

बचपन की बरखा

आज बेमौसम बरखा शुरू हो गयी। वो भी मूसलाधार। लेकिन, स्कूल की छुट्टी होते-होते धूप फिर से निकल गयी। तब तक स्कूल की एक ही शिफ़्ट हुआ करती थी। मॉर्निंग और डे में पब्लिक स्कूल का बँटवारा नहीं हुआ था। हम झुण्ड में स्कूल जाया करते। मेरे घर से मेरे भाई, तीन बहनों में सबसे छोटी पर फिर भी हम दोनों भाइयों से बड़ी, हम लोगों के साथ ही रहने वाले रिश्ते में तो भतीजे पर अपने भाई ही के समान और सबसे छोटा मैं। घर के दरवाज़े से बाहर निकलते ही हम चार धीरे-धीरे अपने से उम्र में कुछ बड़ों के समूह में शामिल हो जाते। बंगलागढ़ के भीतर से आने वाले, कैदराबाद की तरफ़ से आते हुए यह समूह शनैः-शनैः बढ़ता जाता। फिर पंचानाथ और यदि मेरी याददाश्त दुरुस्त है तो कबड़ाघाट की मौजूदगी भी थी। कम से कम एक साल तो ऐसा रहा।

तो ऐसे ही एक दिन ख़ूब बरखा हुई और हम लोग स्कूल की गेट से घर के लिए निकले होंगे। तब तक मोटे कपड़े का पीठ पर लटकाने वाला बस्ता नहीं आया था। हमारे पास टीन के, अल्युमिनियम के य़ा स्टील के बक्से हुआ करते, किताबों के लिए स्कूल बॉक्स या किताबों की पेटी। पाँव में बाटा के जूते जो स्कूल ड्रेस का हिस्सा हुआ करता। तब तक कैनवॉस के जूते भी शायद चलन में नहीं आये थे, दरभंगा के हमारे समाज में। तो हम सब एक के बाद एक स्वतः निर्मित क़तारों में चले जा रहे हैं। माथे पर स्कूल बक्सा, एक हाथ बक्से को पकड़े हुए और दूसरा दोनों जूतों को हाथों में थामे मानो दुनिया की फ़िक्र ही नहीं। चले जा रहे हैं, मानो सड़क न हो किसी युद्ध का मैदान हो। सावधानी हटी और आप चारों खाने पानी और थाल में। राजेन्द्र गर्ल्स स्कूल गुज़र गया और परिस्थिति के मद्देनज़र त्वरित निर्णय लिया गया कि आज नकटी गली होकर हम

सब नहीं जायेंगे। आज थोड़ा लम्बा ही क्यों न हो, नाका नम्बर तीन की तरफ़ से ही जायेंगे। पानी तो उधर भी घुटने से ऊपर तक ही होगा, फिर भी वही ठीक रहेगा। पता नहीं, ऐसे निर्णय कौन लिया करते? जो हो, सब जा रहे थे और यही सही भी था। आज नकटी गली पार करना तो रात के अँधेरे में अकेले एक कमरे से दूसरे कमरे में जाने से भी अधिक जोख़िम का काम था, चाहे कितनी भी ज़ोर की क्यूँ न लगी हो।

स्कूल से वापसी के रास्ते

भारती भवन हमारे स्कूल से घर वापसी के रास्ते में आता था। यह कभी घर से स्कूल जाने के रास्ते पर नहीं मिला मुझे। हम तब बहुत छोटे रहे होंगे। मैं पब्लिक स्कूल, लालबाग में पढ़ा करता था और पिताजी सी.एम. कॉलेज में पढ़ाया करते थे। भारती भवन, जो किताबों की दुकान हुआ करती थी, पिताजी और उनके दोस्तों के लिए बहस-मुबाहिसों की जगह थी, उन दिनों। दरभंगा के टॉवर चौक पर जिसे बाद में अरविन्द मार्केट के नाम से जाना जाने लगा, उसी के एक कोने में दिन भर सुस्त-सा सोये रहने वाले एक हॉलनुमा दुकान जिसके दो हिस्से कर दिये गये थे। दाख़िल होते ही सामने का बड़ा हिस्सा था, जिसमें किताबें और कुल दो कार्यरत स्टाफ़ों के बैठने की जगहें थीं। भीतर मैनेजर का ऑफ़िस, पॉल साहेब का कमरा जिसमें पिताजी लोगों की बैठकी लगती। लोगों की संख्या के हिसाब से और उनकी बातचीत के डेसीबल लेबल की अनुपात में जगह छोटी थी। पर बहसों और वैचारिकी के लिए यहाँ पूरा आकाश हुआ करता। उन्हीं दिनों, उनकी वैचारिकी का दूसरा अड्डा, टॉवर पर ही, सड़क की दूसरी तरफ़, गली के मुहाने पर की चाय की दुकान भी हुआ करती थी। लाल रंग की लेमन टी, लम्बी लीफ पत्तियों वाली। वहाँ खड़े होकर बातों का दौर चला करता और नाम पड़ा 'स्टैण्डिंग क्लब'। बहुत सालों बाद जब हैबरमॉस का पब्लिक स्फियर पढ़ा, उसके कॉफ़ी हाउस और सेलों के बारे में जाना तो लगा कि यह किताब की दुकान और लाल चाय की दुकान का स्टैण्डिंग क्लब बौद्धिक सार्वभौमिक इतिहास का कितना अंग रहे, उससे कितने दूर रहे, क्या पता?

हम भाई-बहन यदा-कदा स्कूल से लौटते हुए इसी भारती भवन में पिताजी से मिलने पहुँच जाया करते। उन्होंने कभी हमसे अचानक आने का अभीष्ट नहीं

पूछा, न ही हमने कभी कुछ माँग रखी। हमेशा हमारे आने पर बिना कुछ पूछे-कहे शिवशंकर को याद किया जाता और हम उसी अरविन्द मार्केट के और भीतर दरभंगा के उन दिनों के सबसे बेहतरीन रेस्टोरेण्ट में रसगुल्ले या फिर सिंघारा या वहाँ की मशहूर दही-कचौड़ी का लुत्फ़ उठाने चल पड़ते।

आज के माहौल में, जब बौद्धिकता और बहसों पर हमले हो रहे हैं हमें ऐसे स्टैण्डिंग क्लबों की बहुत ज़रूरत है।

सपने का अकेलापन

कल रात सपने में मेरी विफलताओं का आना हुआ। सबसे पहले एक, चुपके से, दबे पाँव, सहमे सा, दस्तक देता। फिर, पीछे एक और खड़ा मिला। फिर, एक सैलाब सा। एक के बाद एक। एक के भीतर से निकलती चींटियों की कभी ख़त्म न होने वाली क़तार। हर आकार-प्रकार और रूप-रंग के। मर्द और मादा, अपने और पराये। छोटे, बड़े और मझोले। वे देर से आये और देर तक रुके और जाते हुए अपने साथ लेते गये नींद और सपने। जगने के बाद लेटा रहा, औंधे छाती के बल। कुछ ऐसे कि बिन हवा के धरती से ऊपर और आसमान से बहुत नीचे किसी शून्य में, देह से अलग अपनी ही देह के ऊपर बलात् सवारी करा दी हो किसी ने। फिर हरे घास और उनके बीच से निकलता उजला फूल, जिसके ठीक मध्य एक लाल ठोप। बिन्दु शनैः-शनैः बड़ा होता गया। अब मैं आश्वस्त हो चला कि मैं सपना नहीं देख रहा था। कल-कल करता साफ़ नीला पानी। ऊपर छिटकी है चांदनी। मैं पानी की सतह पर बहा जा रहा हूँ। पानी के नीचे लम्बी कार्डबोर्ड की ऊँची इमारतें और उनके भी नीचे चौड़ी सड़कें। सब कुछ पारदर्शी, सब कुछ हथेली में समा जाने की हद तक छोटा। सब कुछ तरल। सपने में सपने देखता, निपट अकेला मैं।

दरभंगा, मैथिली और हिन्दी : सफ़र की शुरुआत

1

सुबह सवेरे से दरभंगा में बीते बचपन की बातें चल रही हैं। वहाँ का घर जो बंगलागढ़ में था, वह समय और वे लोग। एक पुरानी तस्वीर है जिसमें मैं पिताजी के साथ उसी घर के बरामदे में चौकी टेनिस खेल रहा था। वह भी आज ही के जैसा फुर्सत का दिन रहा होगा, ऐसी फुर्सत जो आजतक पसर गयी है।

2

दो मझोले साइज़ के अरिस्टोक्रेट आये हैं। एक गहरे नीले रंग का, दूसरा हल्के भूरे, गहरे पीले के बीच। भीतर सुनहले कपड़ों का पॉकेट आदि है, लेकिन जो चीज़ सबसे अधिक आकर्षित कर रही है वह है पॉलीथीन के सुन्दर पैकेट में रखा गारण्टी कार्ड और अंग्रेज़ी अल्फाबेट्स के स्टीकर वाला पत्ता। हर अक्षर दो-दो। कौतूहल की सीमा नहीं। दिमाग़ को परखते सेकेण्ड नहीं लगे कि कम्पनी ने उन नामधारी ग्राहकों का ख़याल रखा है जिनके शॉर्ट फार्म में एक ही अक्षर रिपीट होता है। जैसे भूगोल वाले सर जनमेजय झा के लिए दो जे तो चाहिए होगा। ख़ैर, पत्ते से यू और जे तथा एस और जे निकाल कर बैग्स के ऊपर यथोचित स्थान पर चिपका दिये गये हैं। वीआईपी और अरिस्टोक्रेट के आने की घटना ने आम ज़िन्दगी में आमूल परिवर्तन लाये। इनमें और टीन के बक्से, लेदर सूटकेस आदि के बीच वही फासला बन गया जो कोलगेट टूथपेस्ट और लाल दन्त मंजन के मध्य पहले से चला आ रहा था। लेकिन यह कथा उससे कुछ पहले की है। अभी हमारे घर बैग्स आने में कुछ साल और बाक़ी थे।

3

मेरा जन्म बिहार के मधुबनी ज़िला के एक गाँव सरिसब-पाही में हुआ, लेकिन बचपन दरभंगा में बीता। उन दिनों दरभंगा मेरे लिए शहर था। बहुत बाद में जब अपने उस शहर से दूर जाता गया और जब वह सपने में धीरे-धीरे अधिकाधिक आने लगा, तो उस दरभंगा के लिए एक छोटे से शहर की अभिव्यक्ति दिमाग़ में घर कर गयी। पिता प्रोफ़ेसर हुआ करते थे और घर में ख़ूब सारी किताबें हुआ करती थीं। अंग्रेज़ी के दो अख़बार आया करते : एक पटना से प्रकाशित और दूसरा दिल्ली से। एक दिन की देरी से आने वाला टाइम्स ऑफ़ इण्डिया। पत्रिका में इलस्ट्रेटेड वीकली आया करती और साथ में रीडर्स डायजेस्ट। हिन्दी साहित्य की किताबें पिताजी के उस घर में नहीं हुआ करतीं, मैथिली की उपस्थिति भी छापे के अक्षरों के रूप में होने की याद नहीं ही आती है। लेकिन घर में मैथिली के अतिरिक्त और कोई दूसरी भाषा बोली नहीं जाती। उस लड़कपन के दौर में हिन्दी बोलने को उसी तरह आभिजात्यता की अभिव्यक्ति समझा जाता जैसे बाद के मेरे किशोरवय में अंग्रेज़ी बोलने को।

घर से भाई-बहन स्कूल जाया करते थे। मैं सबसे छोटा था और स्कूल जाने को किसी विशेषाधिकार की मानिन्द मानता था। ज़िद बढ़ने लगी तो बहन अपने साथ मुझे भी स्कूल ले जाने को तैयार हो गयी। अगली जनवरी में मेरे भी विधिवत् दाख़िले की बात हो गयी। तब तक धाख छुड़ाने के लिए मुझे भेजा जाने लगा। मैं उत्साह से नयी दुनिया जाता, लड़कों की बेंचों की क़तार में सबसे पीछे की खाली बेंच पर चुपचाप बैठे टुकुर-टुकुर समय गुज़ारा करता। घर आकर ढेर-सी कहानियाँ हुआ करतीं, सबको परेशान करने के लिए। एक हसीन कहानी तो साथ रही अब तलक, उन दिनों की ख़ूबसूरत याद के साथ। पर उसकी ख़ूबसूरती लिखने की इज़ाज़त नहीं देती। फिर कभी। पाँच साल से तीन महीने पहले प्रेपरेटरी बी में मेरा दाख़िला हो गया। पब्लिक स्कूल में। शहर में उन दिनों एक ही पब्लिक स्कूल था। लहेरिया सराय में 'बड़े घरों के बच्चों' के लिए एक अंग्रेज़ी स्कूल ज़रूर था। बाद में जब पब्लिक स्कूलों की संख्या बढ़ी और हमारे स्कूल की एक और शाखा शहर से कुछ दूर बसते नये मोहल्ले बेला में खुली तो

हमारे स्कूल को पब्लिक स्कूल, लालबाग या पानी टंकी की पहचान से भी नवाज़ा गया। पर वह बाद की बात है।

अभी तो स्कूल में दाख़िला से पहले घर में चर्चा का एक कोना यह भी था कि स्कूल में मैथिली से काम नहीं चलेगा। वहाँ केवल और केवल हिन्दी ही बोलना होगा, नहीं तो नाम काट दिया जायेगा। स्कूल जाने लगा और हिन्दी कैसे बोलने लगा, यह स्मृति का अंग कभी नहीं बन पाया। इतना तो याद है कि मैथिली से हिन्दी बोलने के सफ़र में किसी मुश्किलात का कभी सामना नहीं करना पड़ा। यह स्वतः ही हो गया। वैसे जहाँ तक हिन्दी भाषा लिखने और सीखने की बात है तो वहाँ कई गतिरोध रहे हैं। आज भी मुझे पूरा अहसास है कि मुझे लिखना नहीं आता। वर्तनी और व्याकरण तो ख़ैर माशा अल्लाह! ह्रस्व इ और दीर्घ ई, उ और ऊ, स्त्रीलिंग और पुल्लिंग सभी विभाग मेरे लिए युद्ध के मैदान ही हैं और मैं शुरू से एक थके-हारे सिपाही की तरह ही इस मैदान पर रहा। अब भी स्थिति कुछ बदली नहीं। हमेशा ही साहित्य के पर्चे में अंक बहुत कम आये। जब दिल्ली आया और कुछेक आभिजात्यों के साथ काम करने लगा तो वो मेरे श के स कहने का बहुत माखौल भी उड़ाया करते। ख़ैर, वे ज़िन्दगी के बहुत शुरुआती दिन थे। उन दिनों मेरे लिए मैथिली घर-परिवार की, दुकान और सड़क की भाषा थी, अंग्रेज़ी सूचना और ज्ञान-विज्ञान की और हिन्दी शिक्षा एवं स्कूल की भाषा हुआ करती। अभी मेरे लिए एस.सी. बेदी के शाल लपेटे फ़ोटो की, मनोज पॉकेट बुक्स और बेताल, मैन्ड्रेक, बहादुर और फ्लैस गौर्डन जैसे नायकों के इन्द्रजाल कॉमिक्स की दुनिया का सफ़र शेष था...हाँ, सम्भव है कि पराग, नंदन, लोटपोट और चंदा मामा बहुत दूर नहीं रहे हों। बहुत बाद, जब थोड़ा बड़ा हो गया तो एक दिन मैंने पिताजी से पूछा : हम लोग भी तो मिडिल क्लास ही हुए न? उन्होंने बहुत स्थिर स्वर में कहा, नहीं लोअर मिडिल क्लास।

रीगल, दरभंगा

1

नजारथ (Nazreth) या नसरथ उत्तरी इस्राइल का सबसे बड़ा शहर है, जिसे इस्राइल की अरब राजधानी भी माना जाता है। न्यू टेस्टामेण्ट के अनुसार इसी शहर में जीसस क्राइस्ट का बचपन गुज़रा। इसे मैरी का घर और ईसा मसीह का जन्म-स्थल भी माना गया है। यह सम्भव है कि इन पवित्र कारणों से बाद की सदियों में नजारथ एक पवित्र टाइटल में बदल गया हो। आख़िर पुरानी अरबी और कबीलाई परम्परा में स्थान और क्षेत्रीयता का नाम से सीधा रिश्ता तो बनता ही था और ईसा मसीह को जीसस ऑफ नजारथ के नाम से भी जाना जाता है। यह भी सम्भव है कि यहाँ से माइग्रेट करने वाले परिवारों ने नजारथ को एक टाइटल के रूप में अपने साथ रख लिया हो।

जॉन नजारथ एक ऐसा ही नाम है। गोवा के जॉन नजारथ के हाथों में जादू था। जो भी इनके हाथ का बना एक बार चख लेता इनका दीवाना हो जाता। बिहार के उन दिनों के मुख्यमन्त्री श्रीकृष्ण सिंह इस सूची में शामिल थे। जॉन इनके यहाँ प्रधान कुक हो गये। श्री बाबू के यहाँ दरभंगा महाराज का आना-जाना रहता ही होगा और वहीं डिनर टेबिल पर किसी रात महाराज ने जॉन के खाने की तारीफ़ भी की हो और श्री बाबू से जॉन को दरभंगा के लिए माँग भी लिया हो। आख़िर आलीशान यूरोपियन गेस्ट हाउस के लिए उन्हें एक योग्य कुक की तलाश भी तो थी ही। और जॉन नजारथ महाराज के साथ दरभंगा आ गये, यूरोपियन गेस्ट हाउस।

2

समय गुज़रा, महाराज भी गुज़र गये। यूरोपियन गेस्ट हाउस की हालात बदली और समय क्रम में अन्य धरोहरों के साथ यह गेस्ट हाउस भी यूनिवर्सिटी का हिस्सा हो गया।

जो हुनरमन्द थे उन्होंने बदलते समय और शहर का रुख़ किया। जो स्वाद महज़ महाराज, मुख्यमन्त्री और यूरोपीय मेहमानों तक सीमित था अब शहर का हिस्सा हुआ। जॉन ने उत्तर भारत के पहले लाइसेंसी पब की शुरुआत टावर चौक से सटे लालबाग में की। यहाँ उम्दा ड्रिंक के साथ लज़ीज़ खाना और छोटी-सी बेकरी भी रखी। जिसे जॉन और उनकी मेहनती एवं जुझारू पत्नी चलाया करते। नाम रखा 'रीगल'। इसके चिमनी से निकलने वाली ख़ुश्बू को फैलते देर न लगी। लोग चोरी छुपे वहाँ ड्रिंक्स लेने जाते, नव मध्य वर्ग अपने दोस्तों या नव विवाहिता के साथ बहुत हिम्मत दिखाते हुए रीगल के कटलेट्स और मुर्गा या अण्डा करी का लुत्फ़ उठाने जाते। प्रगतिशील परिवार जो बाहर डिनर लेने की हद तक रैडिकल नहीं हो पाये थे, उन हमारे जैसे घरों में, रीगल नर्म एवं ताज़े पाव रोटी तथा मिट्टी की हाँडियों में आने वाले अण्डा करी एवं लज़ीज़ मुर्गा के लिए जाना जाता।

3

यह उन दिनों की बात है जब वीआईपी और अरिस्टोक्रेट बेग्स की तरह टीवी और पॉलीथीन की थैलियों ने भी दरभंगा के मध्यवर्गीय घरों में प्रवेश नहीं किया था। इन्दिरा गाँधी की मृत्यु और बेंसन एण्ड हेजेज क्रिकेट कप के समय ही हम मुहल्ले में नामचीन घरों में जाकर टीवी देखा करते उन दिनों। पॉलीथीन भी कुछ बाद में ही आयी और महिलाओं के लिए आते ही क़रीबी दोस्त हो गयी। लेकिन यह बाद की बात है।

उन दिनों रीगल बन्द नहीं हुआ था, शायद बीते ज़माने की इकलौती डोर के मानिन्द अन्तिम साँस ले रहा था। लाल ईंटों का वह इमारत जो बाहर से किसी तरह रेस्टोरेण्ट होने का अहसास नहीं देती। ताज़ा ब्रेड वहाँ सबसे उम्दा मिला करता, शायद शहर की इकलौता जगह जिसे पब कहा जा सकता था। लेकिन

जिस चीज़ के लिए वो मेरी जेहन का हिस्सा है वह था रीगल का ब्रेड और नॉन वेज। मिट्टी की हाँडियों में गर्म-गर्म रीगल से घर आने वाली अण्डा करी और मुर्गा। लज़ीज़!

यदि मेरी याददाश्त धोखा नहीं दे रही तो रीगल उस शहर ही नहीं भारत के उत्तर पट्टी में ऐंग्लो-इण्डियन जीवन के पब्लिक प्रेज़ेन्स की अन्तिम कड़ी ही रही होगी।

4

मुझे याद है साइकिल पर बैठकर सीढ़ियाँ चढ़ उस लाल से ईंटों के मकान में जाना—पपड़ी उजड़ती उसकी दीवार। शाम में ब्रेड की ताज़ी खेप निकलती। अण्डा करी और मुर्गा को मटके में भरे जाने में लगे समय तक का वह इन्तज़ार, जो माहौल के अनोखेपन के कारण ख़ुशगवार हुआ करता। और घर आकर डाइनिंग टेबल पर मटके के खुलते ही अण्डा करी की वो ख़ुश्बू। हो भी क्यों नहीं, आख़िर उस मटके में नजारथ से लेकर गोवा तक के रिश्ते जो बसते थे।

ये ऐसे रिश्ते थे जिसकी गर्माहट दरभंगा अधिक दिन समेटे-सहेजे रख न सका।

ठौर

बनलता सेन, क्या अब भी तुम वहीं रहती हो? मिलोगी जब मैं आऊँगा नट्टोर? या फिर, तुम भी तो नहीं आ गयीं नोबीनगर। नोबीनगर नहीं नबीनगर।

पवित्रा की आँखें न जाने क्यूँ मुझे खींच ले जाती हैं तुम्हारी चिड़िया के घोंसले-सी आँखों की ओर।

पर, अब यात्री श्रावस्ती तो जाते ही नहीं। अब श्रीलंका भी तो नहीं जाते हैं, वे रास्ते तो मगध के भी अब नहीं रहे। फिर कौन रह गया है अब पथिक भी? किसे ज़रूरत रह गयी तुम्हारे घोंसले जैसी आँखों की?

अब हर तरफ़ चर्चा है महुआ घटबारिन की।

वैशाली में लोग कहते हैं कि सौदागर ने महुआ को मगध की सीढ़ियों पर बेच दिया।

मुझे इन बीते सालों में ऐसे ही बहुत सौदागर मिले इतने और इतनी जल्दी-जल्दी कि लोगबाग मुझे भी वही सौदागर मानने लगे हैं।

मैं भी महुआ को बेच आता हूँ जब तब मगध की सीढ़ियों पर। ऐसे ही कितने सौदागरों ने कहा कि वो मिल कर आये तुमसे—बनलता सेन, पिछली गर्मियों में जब गये रहे वे, नट्टोर।

पर, तुम्हीं ने तो लिखाया था पता उल्टी डाक से दण्डकारण्य, नवीनगर। नवीनगर नहीं पाकिस्तानी टोला।

वही टोला जहाँ आया करती हल्दी चिड़िया। वहाँ नहीं आते शालिक पक्षी।

वहाँ खोजती है पवित्रा की आँखें, वही पुराना पक्षी, नीड़ सी आँखें—बनलता सेन की।

हॉफ़ सेट चाय

यह उन दिनों की बात है जब लाइब्रेरी स्पेशल चला करता था। दिल्ली विश्वविद्यालय से दोपहर बाद खुलता था और सभी प्रमुख लाइब्रेरी एवं आर्काइव भी जाया करता। इसी लाइब्रेरी स्पेशल में पहले-पहल देखा किया उसे। डी स्कूल के स्टॉप पर बस में आयी वह। गहरे कत्थई दुपट्टे और बहुत हल्के क्रीम कलर की सूती सूट। सूट का रंग कुछ यूँ कि किसी बहुत बड़े दूध के थार में एक चुटकी भर चम्पई मिला दिया गया हो।

यह मेरा उस बस में पहला दिन था। यह मेरा तीन मूर्ति का भी पहला दिन था। अब सोचा करता हूँ कि यह महज़ संयोग तो न था कि तीन मूर्ति के गेट पर उतरने वाले उस दिन महज़ हम दोनों ही थे। पहल उसने ही की थी, शायद तकाजे के लिए ही। बेहद सन्तुलित मुस्कान के साथ, जो उस ख़ाली बर्तन की तरह, जिसमें चाहे आप जितनी कल्पना, जितने सपने भर दें, वह कभी लबरेज़ नहीं हो। एक ऐसी ही आत्मीय मुस्कान। तीन मूर्ति के विशालकाय ऐतिहासिकता की ताकीद कराता गेट, उसके अन्दर जतन से सँवारा गया उतना ही विशाल लॉन और उसके पीछे, नज़र के दूसरे छोर पर एक भव्य इमारत। नेहरू जी का घर।

मैं मुस्कान को ज़ेहन में लपेटे अपनी सकुचाहट के साथ उसके पीछे हो लिया। मुझे ठीक-ठीक याद है। वह उस दिन चाँद का फाँसी अंक देख रही थी, पहले फ़्लोर पर माइक्रोफ़िल्म रीडर पर। मैं चुपचाप उत्सुकता से उसे देख आया था। यह कहना मुश्किल है कि मैं लाइब्रेरी से रूबरू हो रहा था या फिर यह जानने की जुगत में था कि वह क्या कर रही है। यह भी ठीक-ठीक नहीं कह सकता कि मैं किस बात से अधिक चमत्कृत था : माइक्रोफ़िल्म रीडर से या फिर चाँद के

फाँसी अंक की वह तस्वीर जो उस रीडर के पटल पर, उस पल, अपने धुँधलके में चमक रही थी। यह सिलसिला चल पड़ा। मैं चुपके से देख आया करता कि वह क्या पढ़ रही है। और, धीरे-धीरे, उस पुस्तकालय के कोनों से लगाव बढ़ने लगा। मैन्युस्क्रिप्ट सेक्शन में जहाँ मुझे यह विश्वास था कि महज़ नेहरू और कांग्रेस के दस्तावेज़ होंगे। वहाँ वह माखनलाल चतुर्वेदी की ख़तो-किताबत में मसरूफ़ पायी जाती। माइक्रोफ़िल्म पर सावरकर और मुंजे की हस्तलिखित दस्तावेज़ में आँख डुबोये मिलती, और ब्रिटिश हुकूमत द्वारा प्रतिबन्धित साहित्य गदर की गूँज के गुरुमुखी को उतारते हुए भी मुझे वो याद है। ऐसा नहीं कि उसे मेरी चोरी का पता नहीं हो। उसने बहुत बाद में मुझे बताया था कि लड़कियों की पीठ पीछे भी दो आँखें हुआ करती हैं और फिर उसने बहुत आश्वस्त करने वाला भाव प्रकट किया था।

कुट्टी के कैण्टीन के बाहर, अहाते में, ऑटम ब्रेक के बाद वह पहला दिन था। हम एक-दूसरे से अरसे बाद मिल रहे थे। उसने ही कैण्टीन चल चाय पीने का प्रस्ताव रखा था। हवा में हल्की रेशमी ठण्डक आ गयी थी। हॉफ़ सेट चाय टेबल पर आ चुकी थी। चाय प्याले में उड़ेलते हुए उसने पूछा था कि मैं आजकल क्या पढ़ रहा हूँ। फिर यह भी कहा था कि अगले कुछ सप्ताह वह जेएनयू की लाइब्रेरी में दिनमान के साठ के दशक की प्रतियाँ और मारवाड़ी लाइब्रेरी में कुछ समय बितायेगी। फिर हम रघुवीर सहाय और 'शेखर' की बात करने लगे। चाय के बाद उस शाम मैं अपने कमरे में देर से लौटा।